A. Gibbons

Liber antiquus de ordinationibus vicariarum tempore Hugonis Wells,

Lincolniensis episcopi, 1209-1235

A. Gibbons

Liber antiquus de ordinationibus vicariarum tempore Hugonis Wells, *Lincolniensis episcopi, 1209-1235*

ISBN/EAN: 9783337059729

Printed in Europe, USA, Canada, Australia, Japan

Cover: Foto ©ninafisch / pixelio.de

More available books at **www.hansebooks.com**

Liber Antiquus de Ordinationibus Vicariarum tempore Hugonis Wells, Lincolniensis Episcopi, 1209–1235.

EDITED BY

A. GIBBONS,

Author of "Early Lincoln Wills," etc.

With a Historical Introduction by Canon Perry.

(*Printed for Subscribers.*)

Lincoln:
JAMES WILLIAMSON, Printer, 290, High Street.
1888.

Introduction.

THE Bishop, whose "Vicarage Book" is here printed, played a not inconsiderable part in the history of the Church of England in the stormy days of King John, and left his mark in many ways both structural and disciplinary on the Diocese of Lincoln. Of his works the greatest and most valuable was the general and formal rescue from monkish greed and selfishness of a portion of the tithes of the churches which by one method or another the "religious" had appropriated. This he effected by the regular establishment of Vicarages. How Bishop Hugh was able to do this, and on what foundation the arrangement was built, will be explained below, where a sketch of the history of Vicarages is given. But first we desire to say something of the personality of the Bishop. When the fearful curse of the Church was fulminated by Pope Innocent against the realm of England, and was brought to England by the Bishops of London, Ely, and Worcester, it was necessary that it should be published in all the Dioceses. There were three Bishops in the land—Bath and Wells, Norwich, and Winchester—who would not suffer it to be published in their Dioceses, and who thus held to the King rather than to the Pope. The Diocese of Lincoln had been without a Bishop for two years, since the death of William de Blois (May, 1206), and there would therefore be no one to defend the clergy and the people from the effects of the curse. Under these circumstances the King endeavoured to anticipate and ward off the mischief by issuing the Letters Patent following:—"The King to all clerks and laymen in the Diocese of Lincoln. Greeting. Know ye that from Monday next before the Feast of Easter we have committed to William de Cornhill, Archdeacon of Huntingdon, and to Gerard de Cavill, all the lands and property of the Abbots and Priors, and of all religious, and also of all clerks in the Diocese of Lincoln, who shall refuse

from that date to celebrate the divine offices, and we command you
from that time forwards to be obedient unto them as our bailiffs
and give credit to them in those matters in which they shall
advertise you in the meanwhile, as to our proper selves."[*] These
Letters were sealed and forwarded by a clerk, who was then acting
as the deputy of the Chancellor, Walter de Grey, and whose name
was Hugh Troteman. He was brother to Joselin, Bishop of Bath
and Wells, one of the King's Bishops, and he himself held the
office of Archdeacon of Wells. Having a brother so reliable, and
being himself so ready to work actively in the king's service, John
never doubted of Hugh that he would make a useful and compliant
prelate, and when, by and by, it became necessary for the King to
strengthen his episcopal following, and he had made up his mind
to fill up the See of Lincoln, from which he had been filching the
revenues for upwards of two years, he pressed the name of
Archdeacon Hugh de Wells upon the Chapter. The Chapter elected
him (1309). The King at once restored the temporalties,[†] but a
difficulty arose about Hugh's consecration. The Archbishop of
Canterbury was abroad, and the King's enemy. The Archbishopric
of York was practically vacant. The other Bishops were afraid to
act. The King therefore sent Hugh, Bishop-elect, to Rouen, to
receive consecration from the Archbishop there, whom he regarded
as his friend. This turned out badly for the King. Immediately
on Hugh's arrival in Normandy he went, not to the Archbishop of
Rouen, but to Stephen Langton, Archbishop of Canterbury, and by
him he was consecrated at Melun, December 20, 1209, having first
made to the Primate an oath of canonical obedience. He was thus
brought into a state of complete antagonism to the King, and had
to remain abroad with the other Bishops until peace was made
between the Pope and King John. The King once more seized
upon the revenues of the See of Lincoln. It was not till July,
1210, that Bishop Hugh was able, in company with the Primate
and the other Bishops, to return to England. John, however,
appeared now ready to shower favours upon the Bishop. A large

---

[*] Rot. Lit. Pat., p. 80. Rymer Fœdera, I., 100.
[†] R. de Wendover, *Flor. Hist.*, III., 231.

sum of money was assessed on the royal revenue as a compensation to the Diocese of Lincoln, of which 15,000 marks were paid.* The rent of eight pounds for the Stow Fair was remitted; the manor of Wilsthorpe was given to the Church for the annual payment of twenty pounds. Hugh, together with the other Bishops, had granted to him the right of holding the courts in all his manors, and of treating his woods as being under the forest laws. The King writes to Roger de Nevile to restore to the Bishop the money received from the Abbey of Eynsham. He bids Brian de Insula furnish him with 300 stags for Stow Park. He writes to the Sheriff of Nottingham to eject all trespassers on the Bishop's lands. The Bishop probably entered now vigorously on his Diocesan work, and began to direct the establishment of the Vicarages recorded in this volume. But a time of terrible trouble soon came. In the latter days of King John, when Gilbert de Gaunt and Robert de Roppel *subjugated* Lincolnshire; when, after the bad king's death and the battle of Lincoln Fair the Cathedral Church was spoiled and the sum in the hands of the Precentor, Geoffrey of Deeping— 11,000 silver marks, destined for the building of the nave—was seized, the Bishop's Diocesan work must have been rudely interrupted. He himself was obliged to fly, nor was he allowed to return until he had paid a fine of 1,000 marks to the Pope and 100 to the Legate, on the ground that he was a partisan of the Barons. Bishop Hugh came back, after being thus amerced, in somewhat of a stern spirit. In 1219 he was acting as itinerant justice. He reduced the unhappy Jews to such straits that the central government was obliged to interfere to help them. On other occasions the royal clemency was extended to offenders in the Bishop's prisons.† The monasteries which had appropriated parish churches were not now likely to find much favour at his hands. The monkish historian raises a wail and describes him as "the persecutor of monks, the violent destroyer of canons and all religious men." ‡ The energetic Bishop was not slack in the matter of building. He built an

* *Rot. Lit. Pat.*, p. 106.   † *Rot. Lit. Claus.*, pp. 541, 563, 567.
‡ Matt. Paris, *Hist. Maj.*, p. 409 (Ed. Wats).

episcopal house at Bugden. The great hall of the episcopium at Lincoln, begun by St. Hugh, was carried to completion by him. The King gave him "quadraginta fusta in forestâ de Sirewood ad aulam suam Lincolniæ faciendam."* Another hall was built at Thorne. The Bishop's parks were stocked with deer. Strict visitation articles (probably the earliest) were sent out through the Diocese. The western transepts and nave of the Cathedral Church advanced apace. The metrical *Life of St. Hugh* testifies to the zeal of Hugh the Second :—

"Hugonis
Perficietur opus primi sub Hugone Secundo."

By his will, dated at Stow, 1233, Bishop Hugh gives 100 marks to the fabric fund of the Cathedral, and all the timber of which he might die possessed, reserving to his successor the right of redeeming this for 50 marks. The Bishop was doubtless present at the "translation" of his great namesake in 1220, and also had the pleasure of seeing one of his Canons, Richard le Grand, raised to the dignity of Primate. He died Feb. 7, 1235, and was buried in the Cathedral. Unquestionably the greatest work of this energetic Bishop was that which is detailed in the following pages. How great that work was and how difficult to execute may perhaps be gathered from the sketch of the history of Vicarages here given, for which the reader is indebted to the researches of Dr. Pegge, a former Canon of Lincoln, and a famous antiquary of the last century.† Our parochial churches, he says, were at first all rectories, possessed of the tithes, glebe, and offerings. The Vicarage originated from *appropriation,* that is, the giving or assigning rectories or churches to religious houses. For some time after the Norman Conquest patrons were in the habit of giving the churches of which they had the advowsons to monasteries, the monks obtaining license from the King and the Pope to be perpetual incumbents of any churches given to them without institution or induction. The effect of this was to take these churches out of the control of the Bishop. "The consequence was that there was little or no residence kept on such cures, no hospitality, no alms; the monks dispatching

---

* *Rot. Lit. Claus.,* p. 606.
† Printed as Appendix VII. to Pegge's *Life of Grosseteste.*

their members at times from the monastery, and performing divine offices at the several churches." The cures were often scandalously neglected, and the fabrics of the churches fell into decay. To remedy this it was enacted by the Council of Westminster, 1102, "That monks do not accept of churches without the Bishop's consent, nor so rob those which are given them of their revenues that the priests who serve them be in want of necessaries." In cures where the monastery was distant it was often of course necessary to employ a secular priest, but these, as it appears, were very scantily paid. In spite of the difficulties created for them by this Canon the monks continued to obtain donations of churches, the number of which in England eventually amounted to 3,845 when the whole of the livings were computed at 9,284. Nunneries, the military orders, Cathedral Churches, and Bishops, all seized upon the parochial churches and exacted the tithes, leaving the parishioners often to fare but badly. In 1173 Archbishop Richard published a constitution, " Nullus presumat intrare ecclesiam absque presentatione advocati ecclesiæ, et impersonatione diocesani episcopi vel officialis ejus per ipsum," and in 1179 the Lateran Council under Alexander III. ordained that the Bishops were to require the monastery to assign to the Vicar a sum sufficient for paying the episcopal dues and enjoying an honest maintenance, and that Vicars were not to be removable or their stipends alterable at the will of the appropriator or rector. This Canon, however, was steadily resisted by the English monasteries, which constantly refused any perpetual alienation of the tithes and dues to a Vicar, but preferred to treat him simply as their curate removable at their will. The Bishops of Lincoln made some attempts to carry out the law; St. Hugh established the Vicarage of Swinford, in the County of Leicester, before 1200, and William de Blois, soon after his accession to the See, established that of Pullokeshull. The Council of Westminster, held A.D. 1200, under Archbishop Hubert Walter, enforced the Lateran canon by directing " all the religious to present priests to the bishops for the churches which they hold not by an absolute right, who shall be answerable to the bishops for the care of the people, and accountable to the religious for the temporals." The circumstances of the Diocese of Lincoln, detailed above—the

Diocese being practically without a Bishop from 1206 to 1213—prevented the effectual enforcement of this canon, but when Hugh de Wells came to his See in 1213 he must have stirred vigorously and at once in the matter, for the book which follows was written, for the most part, as it appears, in 1218, and it contains the record of the establishment of nearly 300 Vicarages. The method pursued in allotting Vicarages was as follows:—An inquisition was made in the Chapters of the Rural Deans into the value of the Rectories and the competent portion to be assigned to the Vicarages. A return was then made to the Bishop, who was to approve and confirm the acts of the Chapters, or to alter them as he thought fit; then the allotment was entered in the Bishop's register. The amount usually assigned to the Vicar was about one-third of the profits of the benefice, derived from the altar dues and tithes; as well as a house, and some glebe. He had to bear some part of the *onera* incident to ecclesiastical benefices. His salary very commonly amounted to five or six marks. The monastery was also often charged to provide him an assistant. But the numerous and very curious variations in the provisions for the Vicars will best be judged from the following pages. The establishment of Vicarages was greatly aided by the decrees of the third Lateran Council in 1215, and especially by the Canons of the Council of Oxford held under Archbishop Langton in 1222. The 13, 14, 15, 16 Canons of this Council lay down rules for the settlement of Vicarages. The sum specified as a fitting maintenance for the Vicar is five marks, "except in Wales, where Vicars are content with less." Before the holding of this Council, and after the date of the book here printed, it is recorded in the *Annals of Dunstable* that Bishop Hugh established five Vicarages in the Churches belonging to the Dunstable Canons,* so that it is probable that the Bishop continued to prosecute this important work with vigour, as did his successor, Grosseteste, and hence the bitter way in which both these Bishops are spoken of by Matthew Paris, the monk of St. Alban's. Those interested in the early records of the Anglican Church can hardly fail to find much to gratify them in the curious records here given of the foundation of so many benefices.

G. G. P.

* *Annales Monastici*, III., 59.

Liber Antiquus de Ordinationibus Vicariarum tempore Hugonis Wells, Lincolniensis Episcopi, 1209–1235.

Oxon'.

[*Facing fo.* 1ª].

S. FRIDESWITHE. Vicaria in conventuali ecclesia Sancte Frideswithe auctoritate domini Episcopi ordinata post concilium talis est. Vicarius habebit sufficientem exhibicionem sicut canonici quoad victualia in mensa prioris vel alibi si magis expedierit et locum competentem ad jacendum in prioratu. Habebit eciam nomine vicarie sue ad vestitum xxiiij solidos per annum. Preterea habebit secundum legatum ad valenciam vj denariorum et quod ultra vj denarios fuerit inter ipsum et canonicos dimidiabitur. Prior autem inveniet eidem vicario clericum idoneum ejus obsequio et ecclesie ministerio devotum: et sufficit ibi unus capellanus. Stabit autem ordinacio hec si domino Episcopo placuerit: alioquin unitabitur prout viderit expedire.

[*Fo.* 1ª].

Ordinacio generalis super vicariis de Osen'.

In omnibus ecclesiis quas Abbas et Canonici Osen' tenent in propriis usibus tam in Archidiaconatu Oxon' quam in aliis Archidiaconatibus Lincoln' diocesis, ubi vicarie non fuerint prius ordinate per episcopum de consensu ipsorum, per dominum Linc' episcopum Hugonem secundum, auctoritate concilii, provisum est in hunc modum. Vicarius per Abbatem et Conventum Osen' presentandus et instituendus ab episcopo habebit nomine perpetue vicarie sue ad vestitum suum duas marcas per annum: habebit eciam secundum legatum ad valenciam sex denariorum et quod ultra sex denarios fuerit inter ipsum et Canonicos dimidiabitur. Habebit eciam de oblacionibus ad altare provenientibus unum denarium missalem quocies celebraverit et denarius provenerit et quicquid ex devocione fidelium ei racionabiliter fuerit collatum. Item habebit sufficientem exhibicionem sicut canonici quoad victualia in mensa canonicorum ubi canonici moram faciunt. Canonici vero clericum idoneum ei et ejus obsequio devotum et ecclesie ministerio invenient qui juramentum fidelitatis et devocionis ipsi vicario prestabit salva fide dictorum Canonicorum, qui eciam ipsi vicario similiter garcionem invenient ipsius obsequio deputatum quos in omnibus suis expensis procurabunt. Ubi autem non fuerint canonici residentes, clericus qui ut supradictum est expensis ipsorum procurabitur clavem deferet in domo eorum et curam habebit liberam ut per ipsum vicario sufficienter in victualibus et honorifice necessaria ministrentur. Canonici eciam eidem vicario equum invenient quocies pro negociis eorum et ecclesie fuerit profecturus tam ad capitula quam ad alia necnon et omnia onera singularum ecclesiarum sustinebunt.

B. MARIE MAGD., OXON'. Vicaria in ecclesia S. Marie Magdal' Oxon' extra portam Aquilonalem que est dictorum Abbatis et Canonicorum Osen' consistit ut supra nisi aliter inter vicarium et canonicos de consensu Episcopi convenerit: et sufficit unus capellanus.

S. EGIDII, OXON'. Vicaria in Ecclesia S. Egidii Oxon' que est Abbatisse et monialium de Godestowa de consensu earum per predictum Episcopum auctoritate concilii ordinata, consistit in medietate totius altaragii cum tota decima ortorum (*sic*) exceptis lana et lino agnis et candela in die Purificationis B. Virginis proveniente quas moniales integre percipient et habebit vicarius mansum ubi capellanus ecclesie solebat habitare pro quo solvet ecclesie sex denarios annuatim. Solvet eciam sinodalia tantum et moniales alia ipsius ecclesie onera sustinebunt.

BARTON. Vicaria in ecclesia de Bartona que quidem est Abbatis et Conventus Osen' per predictum dominum Hugonem de consensu capituli sui Linc' ipsis ad sustentacionem pauperum et peregrinorum similiter cum capella de Saumford confirmata, consistit in toto altaragio ecclesie de Barton cum dimidia hida terre ad ipsam ecclesiam pertinente et cum domo quam Thomas senex tenuit: et sustinebit vicarius omnia onera ipsius ecclesie debita et consueta preter hospicium Archidiaconi quod Canonici predicti procurabunt: et sufficit ibi unus capellanus.

CAPELLA DE SAUMFORD. Vicaria in predicta capella de Saumford consistit in omnibus obvencionibus altaris eidem capelle cum minutis decimis et in quatuor acris et dimidia ad eandem capellam pertinentibus: et sustinebit vicarius omnia onera ipsius capelle debita et consueta preter hospicium Archidiaconi quod dicti Canonici Osen' procurabunt: faciet eciam capelle de Ledewell prout debet deserviri et percipiet terciam partem omnium decimarum de gracia proveniencium pro capellani sustentacione: et ad predictam duo capellani sunt necessarii.

DONOSTIWA. Vicaria in ecclesia de Dunestiwa que est Prioris et Canonicorum de Merton consistit in toto altaragio et in omnibus minutis decimis ipsius ecclesie et in tota terra ecclesie scilicet duabus virgatis et dimidia cum manso competenti et dicitur esse minus sufficiens nec scitur per quem ordinata.

NORTH ESTON. Vicaria in ecclesia de North Eston que est Prioris et Canonicorum de Bradenestok auctoritate concilii ordinata consistit in toto altaragio manso et domibus ad ipsam ecclesiam pertinentibus cum sex acris terre jacentibus juxta Caldewell in campo orientali et in medietate decimarum de Hethercoth de terra Willielmi Buffin et Ernaldi de Hetherchot et in decimis duorum molendinorum Simonis Gambun : et inveniet vicarius clericum ad ministrandum in ecclesia idoneum et luminaria competencia solvendo sinodalia tantum. Canonici vero omnia alia onera sustinebunt. Sufficit unus capellanus et valet vicaria v marc' totalis autem ecclesia C sol'.

CUDELINGTON. Vicaria in ecclesia de Cudelington que est Abbatis et Canonicorum Osen' auctoritate concilii ordinata consistit ut supra in principio. Nescitur quot capellani sunt ibi necessarii.

KOGES. Vicaria in ecclesia de Koges que est Abbatis et conventus de Fiscanno et valet C sol' ut habetur in inquisicione facta per Archidiaconum consistere potest in toto altaragio cum minutis decimis et quatuor cotariis reddentibus quatuor solidos et in decimis garbarum de tribus hidis villenagii et valet vicaria quatuor marc' x sol' et viij d'.

CARSINTON. Vicaria in ecclesia de Carsinton que est Abbatis et conventus Eynesham' dudum ordinata consistit in omnibus obvencionibus altaris [*Fo.* 1^b] preter medietatem oblacionum in duobus festis beati Petri proveniencium quam dicti monachi debent ut dicitur percipere. Consistit eciam in omnibus minutis decimis cum domibus orto et pomario et duabus virgatis terre cum prato adjacente ad ecclesiam ipsam pertinentibus et cum manso in quo manet Osbertus Sire. Consistit eciam in decimis molend' et piscar' parochie memorate.

BRADEWELL. Vicaria in ecclesia de Bradewell que est Magistri Milicie Templi et fratrum ut patet per inquisicionem factam auctoritate concilii consistere potest in altaragiis tam minutis ecclesie quam capellarum cum omnibus minutis decimis et in tercia garba de Dominico cum minutis decimis unde monachi de Fontan' percipiunt duas partes et in decimis croftarum apud Bradewell : et valet vicaria x marc'. Total' autem ecclesia xxx marc'. Debet autem vicarius matricem ecclesiam et capellam de Kelmestok singulis diebus officiare, capellani autem de Haliwell ter in septimana et festivis diebus : unde necessarii sunt ibi tres capellani.

BUREFORD. Vicaria in ecclesia de Bureford que est Abbatis et conventus de Keynesham ipsis per dominum Hugonem de consensu capituli sui Linc' confirmata [cum ? *erased*] capella de Fulebroch consistit in tota terra ecclesie et capelle predicte cum messuagio ad vicariam pertinente et in omnibus aliis tam ad matricem ecclesiam quam ad dictam capellam pertinentibus exceptis omnibus decimis et sol' garbarum cum capitali manso matricis ecclesie : et sunt ibi necessarii ad minus duo capellani.

ESTHALLE. Vicaria in ecclesia de Esthall que est Abbatis et conventus de Ibreio dudum ordinata consistit in omnibus obvencionibus altaris cum manso qui fuit eorundem monachorum et in omnibus decimis garbarum de dominico quod jacet ex illa parte aquilon' qua sita est ecclesia, videlicet in campo orientali, de tribus hidis et viij acris et dimidia et xxiiij acris quas quatuor Bubulci tenent de eodem dominico; et in campo occidentali vicarius recipiet decimas de duabus hidis et xxvj acris de dominico et de xxiiij acris quas dicti Bubulci tenent : et valet vicaria v marc'. Sustinebit autem vicarius omnia onera ipsius ecclesie debita et consueta preter hospicium Archidiaconi quod dicti monachi procurabunt.

MENISTRE. Vicaria in ecclesia de Menistre que est Abbatis et conventus de Ibreio predictorum consistit in medietate totius ecclesie et omnium ad ipsam in eadem parochia pertinencium. Monachi autem predicti et vicarius omnia onera dicte ecclesie tam ordinaria quam extraordinaria quilibet pro sua porcione sustinebunt : et sufficit ibi unus capellanus.

BANTON. Vicaria in ecclesia de Banton que est Capituli Exon' ordinata est per dominum Linc' Hugonem secundum, secundum tenorem carte cujus hec est forma. Omnibus &c. Noverit universitas vestra quod nos de assensu et voluntate Capituli Exon' super ecclesia de Bamton et omnibus ejus pertinenciis et omni jure ipsius se sponte simpliciter et plene nostre per omnia subjicientis jurisdictioni et de assensu Rogeri Decani et Capituli nostri Linc' super hiis ordinacionem fecimus in modo subscripto. Concessimus Capitulo Exon' totam illam porcionem in proprios usus habendam nomine perpetui beneficii quam ab antiquo quandoque in propriis usibus consuevit idem Capitulum retinere et quandoque aliis conferre pro sua voluntate. Verum de porcione quam Robertus de Lucy tenuit et alia porcione quam Johannes fil' Johannis quondam Archidiacon' Toton' tenuit in eadem ecclesia, ita ordinavimus quod ille qui vicarius est illius porcionis quam R. de Lucy tenuit centum solidos annuos quamdiu vixerit nomine beneficii Capitulo Exon' persolvet de eadem porcione : Johannes vero memoratus tres marcas annuas eidem Capitulo similiter tota vita sua persolvet de sua porcione, quas prius reddere consuevit. Si autem contigerit duas porciones quas predicti tenent clerici similiter vacare tres de eisdem equales fiant porciones : et ille tres porciones sic distincte tres perpetue erunt vicarie in eadem ecclesia ad quarum quamlibet et quandocunque vacaverit Capitulum Exon' presentabit vicarium perpetuum nobis et successoribus nostris instituendum in eadem a nobis et quilibet illorum vicariorum persolvet Capitulo Exon' v marcas annuas nomine perpetui beneficii de sua porcione et isti vicarii deservient in eadem ecclesia continue personaliter in ordine sacerdotali et respondebunt iidem in universum de Episcopalibus Archidiaconalibus oneribus et consuetudinibus. Ita quidem quod unusquisque pro sua vice et suo anno hoc est de triennio in triennium nobis et successoribus nostris et Archidiacono Oxon' tam de hospicio quam de reliquis oneribus in solid' respondebit. Ecclesia quoque ejusdem ville de Bamton cum omnibus pertinenciis suis integre subjecta erit imperpetuum nobis et successoribus nostris et ecclesie Linc' et Archidiacono Oxon' tanquam ecclesia parochialis. Si vero contigerit alterutram memoratarum duarum porcionum per se prius vacare nobis et successoribus nostris presentabitur perpetuus vicarius per memoratum Capitulum Exon' ad duas partes illius porcionis a nobis instituendus. Nomine quarum solvet Capitulo Exon' v marcas annuas nomine perpetui beneficii. Terciam vero partem illius porcionis tenebit idem vicarius solvendo inde annuatim Capitulo Exon' nomine beneficii duas marcas et dimidiam donec aliam vacare contigerit porcionem. Et cum alia porcio vacaverit tunc illa tercia conjungetur tercie alterius porcionis et ex illis duabus terciis fiet una vicaria ad quam presentabitur perpetuus vicarius per supradictum [*Fo.* 2ᵃ.] Capitulum Exon' nobis et successoribus nostris a nobis instituendus qui de eadem vicaria similiter solvet Capitulo Exon' quinque marcas annuas nomine perpetui beneficii. Ad duas quidem alias partes presentabitur nobis et successoribus nostris similiter vicarius perpetuus a nobis instituendus qui etiam quinque marcas anuuas nomine perpetui beneficii sepedicto Capitulo Exon' persolvet: et extunc erunt tres vicarie perpetue et tres vicarii perpetui in eadem ecclesia imperpetuum. Qui vicarii sic per nos et successores nostros instituti tam nobis et successoribus nostris et ecclesie Lincoln' et Archidiacono Oxon' quam Capitulo Exon' secundum quod premissum est respondebunt. Salvis in omnibus &c.

[*Inserted in the margin in a contemporary hand* :—de hac ecclesia habent (?) iij solidos per con . . . Hugonis nunc episcopi et cap[t].]

BURTON. Vicaria in ecclesia de Burton cujus unam medietatem in propriis usibus optinent Abbas et conventus Osen' et aliam sibi concedi postulant ut habetur in inquisicione consistere potest in toto altaragio et in dimidia virgata terre cum prato ad dictam ecclesiam pertinente et in manso cum crofta in quo capellanus ejusdem ecclesie manere consuevit et in decimis feni de toto villenagio et in decimis molendinorum et unius virgate terre quam dicti canonici de terra ejusdem ecclesie tenent. Vicarius autem solvet tantum sinodalia, dicti autem Abbas et Conventus omnia alia onera sustinentes hospicium Archidiaconi procurabunt. Et sic valet dicta vicaria quinque marc'. Totalis autem ecclesie xij marc'.

HOKEN'TON. Vicaria in ecclesia de Hoken'ton que est Abbatis et conventus Osn' auctoritate concilii ordinata consistit per omnia ut supra eodem Archidiaconatu. In principio *in ordinatione generali.**

<small>* Inserted in a later hand.</small>

CESTERTON. Vicaria in ecclesia de Cesterton que est predictorum Abbatis et Conventus Osn' auctoritate concilii similiter ordinata consistit per omnia ut supra dictum est.

SCIPTON. Vicaria in ecclesia de Scipton que est prebenda Sarr' pertinens ad patronatum Ade de Brimpton militis auctoritate concilii ordinata consistit in una virgata terre cum manso qui fuit W. quondam ejusdem loci vicarii et decani et in decimis garbarum decem virgatarum terre de dominico Canonici ejusdem ecclesie et de tenementis omnium suorum et in decimis lane et obvencionibus confessionum in quadragesima et omnibus oblacionibus diei pasche et in obvencione panum ad altare per totum annum excepto die parasceves. Et valet vicaria centum sol' et habebit vicarius capellanum socium in dicta parochia continue secum ministrantem. Canonicus vero omnia alia emolumenta percipiet et omnia onera dicte ecclesie sustinebit.

BLOKSHAM. Vicaria in ecclesia de Bloksham que est Abbatisse et Monialium de Godestowa cum capella de Midelecumb auctoritate concilii ordinata consistit in toto altaragio tam matricis ecclesie quam dicte capelle excepta decima lane et agnorum matricis ecclesie de Bloksham. Consistit eciam in blado quod solet dari trituratum dictis ecclesie et capelle de Mildecumb (*sic*) quod vocatur Chirchesed cum manso qui situs est inter mansum qui fuit Pagani de Bereford et mansum qui fuit Willielmi Koleman. Dicte vero moniales omnia onera dictarum ecclesie et capelle debita et consueta sustinebunt preter sinodalia que vicarius persolvet. Et sunt ibi necessarii duo capellani.

**Additur per beatum Robertum decima lane et agnorum de . . . ham que est . . . Item . . . solvet vicarius sinodalia et abbatissa procurabit hospitium Archidiaconi.*

<small>* In the margin, in another hand, and in very faint ink.</small>

WROGSTAN. Vicaria in ecclesia de Wrogstan que est Prioris et Conventus ejusdem loci per dominum Hugonem secundum de consensu Capituli sui Lincoln' eis cum pertinenciis confirmata consistit in duabus virgatis terre de Hida quam Adam clericus tenuit versus orientem cum porcione prati spectantis ad eandem cum messuagio et edificiis que fuerunt Sampsonis juxta ecclesiam versus occidentem : et in toto altaragio exceptis minutis decimis de Curia Canonicorum. Vicarius habebit capellanum secum socium qui in capella de Belescoth ministrabit et inveniet clericum et luminaria competencia solvendo sinodalia tantum. Canonici vero predicti omnia alia emolumenta dicte ecclesie percipient, et omnia alia onera ejusdem sustinebunt. Et valet vicaria decem marc'.

BERENCESTRE. Vicaria in ecclesia de Berencestr' que est Prioris et Conventus ejusdem loci auctoritate concilii ordinata est in hoc modo. Vicarius habebit pro stipendiis suis et capellani sui et clericorum suorum xl solidos annuatim in terciis porcionibus assignandos : et ipse et capellanus ejus et clerici sui habebunt victum suum de prioratu ipsis capellanis et clericis competentem. Eciam habebit fenum et prebendam ad equum unum de prioratu. Eciam oblaciones suas scilicet unum denarium pro corpore presenti et unum den' pro sponsalibus et unum denarium pro purific' quocies den' integer provenerit. Eciam in die natali Domini tres den', die Pasche duos den', et in duobis aliis principalibus festis utroque scilicet unum denarium. [*Fo.* 2^b.] Habebit eciam oblaciones in confessionibus et secundum legatum usque ad sex denarios et quod supererit vicarius et canonici dimidiabunt. Habebit insuper mansum competentem extra prioratum. Canonici autem omnia onera illius ecclesie debita et consueta preter onus parochiale sustinebunt et valet vicaria . . . totalis autem ecclesia xx marc'.

WESTON. Vicaria in ecclesia de Weston que est Abbatis et Conventus Osn' auctoritate Concilii ordinata consistit per omnia ut supra eodem Archidiaconatu in principio.

GARTHAMTON. Vicaria in ecclesia de Garthamton que est Abbatis et Conventus Osn' auctoritate Concilii ordinata consistit per omnia ut supra eodem Archidiaconatu in principio.

KERTELINGTON. Vicaria in ecclesia de Kertelington que est Abbatis et Conventus de Alneto ordinata auctoritate concilii consistit in toto altaragio ipsius ecclesie et redditu xxiij solidorum et iiij denariorum quem homines tenentes ipsius ecclesie solvunt annuatim ipsi ecclesie et in xxx duabus travis bladi quas dicta ecclesia consuevit annuatim percipere de dominico R. de Aumar apud Blechesdun que valent annuatim xv sol'. In matricula tamen loco redditus tenencium habetur et in una hida terre. De honeribus (*sic*) autem in disposicione Episcopi est quis que debeat sustinere.

FFRECHEWELL. Vicaria in ecclesia de Frechewell que est Prioris et Conventus Sancte Fredeswid' Oxon' auctortate concilii ordinata consistit in omnibus obvencionibus altaris ot minutis decimis totius parochie et in decimis bladi et feni et omnibus aliis decimis provenientibus de tribus virgatis terre in eadem villa quas Ricardus filius Radulfi tenet. Et in uno crofto cum messuagio sine prato tamen adjacente. Et valet vicaria v marc'. Totalis autem ecclesia x marc' et sufficit unus capellanus.

STOK. Vicaria in ecclesia de Stok, Abbatis et Conventus de Noteleya, consistere potest in altaragio cum minutis decimis et dimidia hida terre et uno manso et in decimis vj virgatarum terre apud Fancoth. Et valet vicaria v marc'. Totalis autem ecclesia xviij marc'.

STAUMFORD. Vicaria in ecclesia de Saumford (*sic*) que est Priorisse et Monialium de Lithemora . . . . [*blank*].

KOUELEYA. Vicaria in ecclesia de Koueleya que est Abbatis et Conventus Osn' auctoritate concilii ordinata consistit per omnia ut supra eodem Archidiaconatu in principio.

WAT'PIRIE. Vicaria in ecclesia de Waterpirie que est Abbatis et Conventus Osn' auctoritate concilii ordinata consistit similiter per omnia ut supra eodem Archidiaconatu in principio.

FFORSTHULL. Vicaria in ecclesia de fforsthull que est eorundem Abbatis et Conventus Osn' auctoritate concilii ordinata consistit per omnia ut supra eodem Archidiaconatu in principio.

ELSEFEUD. Vicaria in ecclesia de Elsefeud que est Prioris et Conventus Sancte Fredeswide Oxon' auctoritate concilii ordinata consistit in omnibus obvencionibus altaris cum minutis decimis totius parochie et in decimis bladi et feni provenientibus scilicet quas Humfridus et Willielmus Finch tenuerunt in eadem villa et in una acra terre arabilis eidem vicarie per priorem assignanda cum domibus et edificiis ubi capellanus consuevit habitare et valet vicaria v marc'. Totalis autem ecclesia viij marc'.

HEDENDON. Vicaria in ecclesia de Hedendon que est dictorum Prioris et Conventus S. Fredeswide auctoritate concilii ordinata consistit in omnibus obvencionibus altaris cum minutis decimis totius parochie exceptis decimis agnorum ot decimis casei de Curia domini provenientibus quas Prior et Canonici sibi retinebunt. Habebit autem vicarius domos et curiam in quibus capellanus manere consuevit. Et valet vicaria v marc' et amplius. Total' autem ecclesia viginti marc'.

MERSTON. Vicaria in ecclesia de Merston que est dictorum Prioris et Conventus S. Fretheswide auctoritate concilii ordinata consistit in omnibus obvencionibus altaris cum minutis decimis totius parochie et in decimis bladi et feni provenientibus de una virgata terre in eadem villa scilicet quam [*Fo.* 3ª] Osbertus filius Herwardi tenet. Habebit eciam vicarius domos et curiam in quibus capellanus manere solebat. Et valet vicaria v marc'. Total' ecclesia xviij marc'. Et sciend' expressum fuisse in ordinacione istarum trium vicariarum et vicaria (*sic*) de Frechewell quod sub nomine minutarum decimarum non continentur decime feni seu molendinorum.

SCIPLACH. Vicaria in ecclesia de Sciplach que est abbatis et Conventus de Messenden auctoritate concilii ordinata consistit in toto altaragio illius ecclesie quod valet v marc' cum manso unius' acre ei assignando et cum una acra terre in uno campo et alia in alio campo : et solvet vicarius sinodalia tantum : dicti Abbas et Conventus hospicium Archidiaconi procurabunt. De capella autem de Lethebroch provisum est quod nisi dominus de Lethebroch induci possit ut inveniat necessaria capellano qui ibidem per predictum vicarium debebit ministrare predicti Abbas et Conventus cum consilio Episcopi de suo tantum in augmentum vicarie predicte apponent [ut] unus capellanus in dicta capella ministraturus competenter possit sustentari.

KAVERSHAM. Vicaria in ecclesia de Kau'sham que est Abbatis et Conventus de Noteleya ut habetur in inquisicione consistere possit in obvencionibus altaris et minutis decimis et in decimis de duabus hidis quas Radulfus juvenis tenet et in decimis terre quam relicta G. Camerarii tenet cum manso olim personis deputato. Et valet vicaria vii marc'. Total' autem ecclesia xxx marc'.

MAPELDURAM. Vicaria in ecclesia de Mapelduram que est Abbatisse et monialium de Fonte Ebroldi ut habetur in inquisicione consistit in toto altaragio cum minutis decimis et manso competente. Et solvet vicarius sinodalia tantum. Moniales autem hospicium Archidiaconi procurabunt. Et sufficit ibi unus capellanus.

GARING. Vicaria in ecclesia de Garing que est Priorisse et monialium ibidem provisa est in hunc modum. Vicarius habebit nomine perpetue vicarie sue omnes oblaciones altaris cum omnibus legatis et omnem decimam casei et mansum competentem extra ambitum prioratus cum una acra terre in uno campo et alia acra terre in alio campo. Et solvet vicarius sinodalia tantum. Moniales vero de aliis honeribus (*sic*) respondebunt. Et sufficit ibi unus capellanus.

CRAUMERS. Vicaria in ecclesia de Craumers que est dictarum Priorisse et Conventus de Garing auctoritate concilii ordinata consistit in toto altaragio et in decimis decem acrarum cum manso. Salva ordinacione domini Episcopi super eadem in posterum si secundum facultates ipsius ecclesie fuerit augmentanda. Et similiter de oneribus et sufficit ibi unus capellanus.

WATLINGTON. Vicaria in ecclesia de Wathlington que est Abbatis et Conventus Osn' auctoritate concilii ordinata consistit in omnibus et per omnia ut supra eodem Archidiaconatu in principio.

PIRITON. Vicaria in ecclesia de Piriton, Prioris et Conventus de Northon, auctoritate concilii ordinata consistit in omnibus obvencionibus altaris et in omnibus minutis decimis ejusdem ville preter decimam garbarum curtillagii cum tot garbe in manerio extiterint quod decima garba inde possit provenire que decima garba ad predictos priorem et conventum pertinebit. Quod si propter paucitatem garbarum decima garba non provenerit vicarius percipiet decimam inde provenientem. Habebit etiam vicarius nomine vicarie sue omnes decimas unius virgate terre et dimidie in Piriton quas Johannes filius Simonis et Reginaldus filius Godig' tenent et omnes decimas trium virgatarum et dimidie in eadem villa quas Walterus fil' Syward et Ricardus fil' Alic' et Ricardus Franceis et Rennbald' Brut tenent et unam dimidiam virgatam terre cum omnibus decimis ejusdem et prato adjacente quam Editha vidua tenet in villa de Piriton. Salva ipsi E. possessione sua quo advixerit. Habebit eciam omnes obvenciones et decimas tam garbarum quam aliarum rerum omnium apud Stamdelf cum una dimidia virgata terre et prato adjacente in eadem villa. Item habebit duo messuagia unum apud Piriton et aliud apud Stamdelf vicario assignata. Omnes vero predictas terras et decimas predicti Prior et Canonici ipsi vicario warantizabunt et ipse vicarius officiabit per se et per capellanum socium ecclesiam de Purton et capellam de Stamdelf singulis diebus et omnia onera episcopalia ipsarum ecclesie et capelle debita et consueta sustinebit preter hospicium Archidiaconi quod prefati Prior et Canonici procurabunt.

ESTON. Vicaria in ecclesia de Eston que est Prioris et Conventus de Walingeford auctoritate concilii ordinata consistit in omnibus obvencionibus oblacionibus et minutis decimis matricis ecclesie de Eston et capelle de Stokenechurche spectantis ad eandem et in decimis garbarum de viij virgatis terre in Copinkoth unde Angerus tenet iij virgatas Andreas duas Rogerus duas et Robertus parvus unam. [*Fo.* 3^b.] Vicarius autem deserviet matrici ecclesie et capelle et solvet sinodalia et in omnibus pro vicaria sua respondebit. Prior vero et Conventus procurabunt hospicium Archidiaconi et pro sua porcione prout racio postulaverit providebunt.

SYREBURN. Vicaria in ecclesia de Syreburn que est Abbatis et Conventus de Dorkcestr' auctoritate concilii ordinata consistit in omnibus obvencionibus altaris cum minutis decimis totius parochie. Et habebit vicarius duos solidos annuos ab abbate pro manso donec ipsi mansum providerit competentem et solvet vicarius sinodalia dicti autem Abbas et Canonici hospicium Archidiaconi procurabunt.

PINSHULL. Vicaria in ecclesia de Pinshull que est eorundem Abbatis et Conventus Dorkcestr' [blank].

TONFELD. Vicaria in ecclesia de Tonfeld que est Priorisse et Monialium de Garing dudum ordinata consistit in omnibus obvencionibus altaris et in tota terra ad eandem ecclesiam pertinente cum domibus et ortis (sic) et in omnibus decimis bladi de Hacagua (?) et in decimis bladi Willielmi Siferwast' et Gilberti Bacergrige et Gilberti de Arki. Vicarius autem redditum Archid' qui dicit (?) Letare et sinodalia persolvet et sufficit ibi unus capellanus.

DORKCESTR'. Vicaria in ecclesia de Dorkcestr' que est Canonicorum ibidem cum capellis ad eam pertinentibus [blank].

Bokingham.

[*Fo.* 4ᵃ].

LAVENDEN. Vicaria in ecclesia de Lavenden que est Abbatis et Conventus in eadem parochia [*blank*].

BRAYNFELD. Vicaria in ecclesia de Brainfeud que est monialium de Harwold [*blank*].

FFIRIGRAVE. Vicaria in ecclesia de Firigraue que est monialium S. Marie de Norhampton [*blank*].

ESTWODE. Vicaria in ecclesia de Estwode que est monachorum de Neuporth Paynel auctoritate concilii ordinata consistit in toto altaragio cum minutis decimis et cum manso competenti.

PVA. BRIKHULL. Vicaria in ecclesia de Brichill que est Canonicorum de Cumbewell auctoritate concilii ordinata consistit in toto altaragio cum minutis decimis et in decem acris terre et in una acra prati cum manso competenti. Et valet vix quatuor marc'.

WOLFRINGTON. Vicaria in ecclesia de Wolfrington que est priorisse et conventus de Bradewell ex dudum ordinata consistit in omnibus obvencionibus ipsius ecclesie preter decimas garbarum excepta medietate candelarum oblatarum in festis purificationis Beate Marie Sancti Nicholai et Sancte Marie Magdalene. Dicitur eciam quasdam decimas aliquando ad vicariam pertinentes eidem de novo esse subtractas.

SEPESHALE. Vicaria in ecclesia de Sepeshal' que est monachorum de Neuporth ex dudum ordinata consistit in toto altaragio cum minutis decimis exceptis agnis et primo testa[men*]to et oblacionibus diei Sancti Laurencii. Consistit eciam in decimis garbarum unius hide terre in Harlmede.

* A flaw in the parchment here.

WOLSESTON. Vicaria in ecclesia de Wolseton (*sic*) que est Abbatis et Conventus de Cultura Cenoman' post concilium Oxon' ordinata consistit in decimis garbarum de dominico monachorum de Cultura et tenencium eorum in villa de Wolseton cum toto altaragio et in omnibus decimis in parochia de Crouleia ad dictam ecclesiam de Wolseton spectantibus cum una acra terre in utroque campo apud Wolseton et cum manso competente.

WILIES. Vicaria in ecclesia de Wilies que est prioris et conventus de Neuport auctoritate concilii ordinata consistit in toto altaragio cum terra ecclesie et tofto ad ipsam ecclesiam pertinente et in medietate decime garbarum de ipsa parochia proveniencium.

BRADEWELL. Vicaria in ecclesia de Bradewell que est dictorum prioris et conventus de Neuporth auctoritate concilii ordinata consistit in toto altaragio cum dimidia virgata terre et messuagio ad ecclesiam pertinentibus et in tercia parte decime garbarum in ipsa parochia proveniencium.

STANTON. Vicaria in ecclesia de Stanton que est monialium de Garinges per dominum episcopum ordinata consistit in toto altaragio ejusdem ecclesie cum manso competente et in duabus virgatis terre et earum pertinenciis que pertinent ad ipsam ecclesiam et in decimis duarum virgatarum terre quas Jerardus tenuit et aliarum duarum virgatarum terre quas Sampson et Ritherius tenuerunt. Vicarius autem solvet sinodalia et moniales omnia alia onera illius ecclesie ordinaria sustinebunt.

NEUPORT. Vicaria in ecclesia de Neuport que est prioris et monachorum ejusdem ville ex dudum ordinata consistit in provisione competentis hospitii ad opus vicarii et diaconi idonei quem dicti monachi eidem vicario in ipsa ecclesia ministraturum invenient et in provisione vicarii ad mensam prioris et conventus sicut unius ex ipsis et in perceptione viginti solidorum scilicet x sol' ad Annunciacionem Beate Marie et x sol' ad festum Sancti Michaelis ab ipsis annuatim vicario solvendorum. Ita quod in qualibet misse celebratione habeat denarium si provenerit vel minus si minus evenerit et totam oblationem in confessionibus venientem et tricenaria cum evenerint et quicquid ei legatum fuerit post principale testamentum ecclesie percipiat. Ita tamen quod testamentum ecclesie prevaleat.

[*Fo.* 4ᵇ.]

STOWA. Vicaria in ecclesia de Stowa que est abbatis et Conventus de Osn' auctoritate concilii ordinata consistit per omnia ut supra Archidiaconatu Oxon' in principio *in ordinatione generali.**

* In a later hand.

KAU'SFELD. Vicaria in ecclesia de Kauersfeld que est abbatis et Conventus de Messenden auctoritate concilii ordinata consistit in toto altaragio et in omnibus minutis decimis et in medietate omnium decimarum de sex virgatis terre in villa de Stretton et in manso competente cum duabus acris terre una scilicet in uno campo et alia in alio et solvet vicarius sinodalia tantum canonici vero hospicium Archidiaconi procurabunt.

WESTBURG. Vicaria in ecclesia de Westbyr' que est abbatisse et monialium de Elnestowa auctoritate concilii ordinata consistit in toto altaragio cum manso competente eidem vicarie assignato et in medietate terre pertinentis ad ecclesiam et solvet vicarius sinodalia tantum moniales vero omnia alia onera illius ecclesie debita et consueta sustinebunt.

THORNBURN. Vicaria in ecclesia de Tornebyr' que est prioris et monachorum de Lnffeld exdudum ordinata consistit in omnibus obvencionibus altaris et minutis decimis cum messuagio et crofto eidem assignatis.

HILDESDON. Vicaria in ecclesia de Hildesdon que est abbatis et conventus de Noteleya [blank].

STEPELCLAENDON. Vicaria in ecclesia de Stepelclaendon que est Abbatis et Conventus de Osn' auctoritate concilii ordinata consistit per omnia ut supra Archidiaconatu Oxon'. In principio *in ordinatione generali.*

WOTTHON. Vicaria in ecclesia de Wotthon que est prioris et canonicorum de Beuerleya [blank].

WIRMENHALE. Vicaria in ecclesia de Wirmenhal' que est prioris et Conventus S. Frideswide Oxon' auctoritate concilii ordinata consistit in manso competente et in toto altaragio exceptis minutis decimis de terra prioris et in omnimodis decimis unius hide terre in villa de Thomel, unius alterius que fuit monachorum de Stamford ubi predicti canonici tenent unam virgatam, Godefr' bic' . . .* unam, Ricardus Colewi' unam, Willielmus Oliv' unam : habebit autem vicarius quatuor vaccas et xxiiij^{or} oves in pastura canonicorum, qui omnia onera preter sinodalia sustinebunt. Et valet vicaria v marc'.

* A flaw in the parchment here.

HOGESHAG. Vicaria in ecclesia de Hogeshag que est prioris et fratrum hospitalis Jerusalem' [blank].

WINCHENDON. Vicaria in ecclesia de Winchendon que est prioris et Canonicorum S. Frideswide Oxon' auctoritate concilii ordinata consistit in toto altaragio illius ecclesie exceptis minutis decimis de curia prioris et in decimis garbarum dimidie hide terre quam Robertus fil' Gervasii tenet cum decimis garbarum et feni dimidie virgate terre quam Walterus Tresboen tenet et in manso competente.

CREINDON. Vicaria in ecclesia de Creindon que est Abbatis et Conventus de Nuteleya [blank].

CHILTON. Vicaria in ecclesia de Chilton que est Abbatis et Conventus de Nuteleya [blank].

ESSENDON. Vicaria in ecclesia de Essendon que est Abbatis et Conventus de Nuteleya [blank].

SOBINTON. Vicaria in ecclesia de Sobinton que est prioris et Conventus de Walingeford auctoritate concilii ordinata consistit in toto altaragio illius ecclesie et in decimis decem virgatarum terre scilicet duaram virgatarum de dominico ecclesie et unius virgate quam Rogerus Suayn tenet et unius virgate quam Ricardus fil' Herwardi tenet et unius virgate quam Matilda Comb' tenet et unius virgate quam Hugo Auceps et Reginaldus Pelliparius te [*fo.* 5ª] nent · et unius virgate quam Gilbertus fil' Herwardi tenet et unius virgate quam Robertus Auceps et Hugo de la Haise tenent et unius virgate quam Willielmus Suening tenet. Consistit eciam in tribus annuis carecatis de feno monachorum. Vicarius autem sinodalia persolvet et monachi hospitium Archidiaconi procurabunt. Ad fabricam vero cancelli et ad ornamenta et libros tam monachi quam vicarius proportionaliter conferent pro suis porcionibus.

ILEMERE. Vicaria in ecclesia de Ilemer', priorisse et Conventui de Stodleya per dominum Hugonem secundum et Capitulum Lincoln' [blank].

WENDOURE. Vicaria in ecclesia de Wendoure que est priorisse et Conventus de Suwerth ex dudum ordinata consistit in toto altaragio et in tercia parte decime garbarum de tota parochia provenientis et sustinebit vicarius omnia onera illius ecclesie episcopalia et archidiaconalia debita et consueta.

MAGNA KYNEBELL. Vicaria in ecclesia de Magna Kinebell que est Abbatis et Conventus de Messenden auctoritate concilii ordinata consistit in toto altaragio et in omnibus minutis decimis agnorum et medietate decime lane. Consistit eciam in duabus acris terre una scilicet in uno campo et alia in alio et manso competente eidem vicarie assignato scilicet ex opposito porte cimiterii versus austrum. Et solvet vicarius sinodalia tantum, canonici vero hospitium archidiaconi procurabunt.

HEDENHAM. Vicaria in ecclesia de Hedenham que est prioris et Conventus de Boltam (?) ex dudum ordinata consistit in toto altaragio ecclesie de Hedenham et in tota capella de Cudington

exceptis minutis decimis de dominico monachorum et in una virgata
terre cum manso ad eam spectante in villa de Cudington et in tota
decima garbarum trium . . . . . [*erased*] terre de feodo Ricardi
junioris in villa de Hedenham et in uno manso cum domibus
Willielmi quondam capellani ejusdem ville cum tota curia ad eundem
mansum spectantibus. Terciam autem garbam totius ville decimarum
de Cudinton ipsi vicario prius deputatam detenuit dominus episcopus
Hugo secundus in usus predictorum monachorum convertendam.
Et debet vicarius in ecclesia de Hedenham in propria persona
ministrare et capellanum idoneum capelle de Cudinton ministrantem
invenire et omnia alia onera ejusdem ecclesie tam episcopalia quam
archidiaconalia sustinere excepto auxilio episcopi si forte contigerit
de quo pro estimatione porcionis sue providebit et excepta reparacione
chori ecclesie ad quam sacrista Roffen' tenebitur.

STANES. Vicaria in ecclesia de Stanes que est abbatis et
conventus Osn' auctoritate concilii ordinata consistit in omnibus et
per omnia ut supra in Archidiaconatu Oxon' in principio.

MESSENDEN. Vicaria in ecclesia parochiali de Messenden que
est abbatis et conventus ibidem auctoritate concilii ordinata est hoc
modo. Vicarius habebit sibi et clerico suo cum uno equo necessaria
victus in Abbatia cum debita honestate et viginti solidos annuos
pro stipendiis de altaragio ipsius ecclesie percipiendos per manum
suam sicut iidem denarii ad manum suam venerint : et preterea
mansum competentem extra ambitum abbatie. Et solvet sinodalia.
Verum quam sepius contigit quod idem capellanus propter curam
parochie ad horam prandii canonicorum venire non poterat et ha...
quantum ad cibaria sua incommoda multa incurrebat de consensu
abbatis et conventus et ipsius vicarii provisum est quod ipse ad
victum suum et clerici sui et equi sui necessaria in curia canonicorum
accipiens ad domum suam deferri faciet et ibi eis pro sua voluntate
utetur. Facta est autem hec provisio per magistrum Thomam de
Cant' officialem tunc Archidiaconi Bukingham'.

DONINGTON. Vicaria in ecclesia de Dunington que est Abbatisse
et monialium de Godestowe per R. Ardidiaconum Norhampton'
asscitis secum capellanis de Eilesbyr' et W. clerico Archidiacon'
Bukingham' ad mandatum R. Lincoln' ecclesie Decani ordinata est.
A quibus quidem est provisum porcionem quam Petrus presbyter
tenuit ad firmam pro decem marcis in perpetuam vicariam illius
ecclesie assignari. Que porcio consistit in toto altaragio et in
decimis garbarum de Mortun et de Wacrington et de Eston ad
eandem ecclesiam pertinentibus. Quam porcionem sic vicarius
habeat ut de consuetis oneribus provideat. Ad mansum autem
vicarii provisum est quoddam croftum quod dicitur Bencroft de supra
fontem.

HADESHOWERE. Vicaria in ecclesia de Hadeshowre que est priorisse et monialium de Merlawe [*blank*].

WICUMBE. Vicaria in ecclesia de Wicumbe que est Abbatisse et monialium de Godestowe auctoritate concilii ordinata est in hunc modum. Vicarius habebit nomine [*fo.* 5^b] vicarie sue medietatem omnium oblacionum et obvencionum altaris cum tota decima casei et omnibus ovis in vigilia pasche ad ipsam ecclesiam provenientibus et omnibus decimis aucarum et in omnibus decimis gardinorum infra Burgum exceptis oblacionibus et obvencionibus quatuor dierum per annum scilicet diei purificacionis diei parasceves diei pasche et diei exaltacionis Sancte Crucis et exceptis omnibus decimis lane lini agnorum parcellorum et vitulorum cum vitulus integer obvenerit et exceptis omnibus decimis fructuum gardinorum et ortorum extra Burgum et tota decima cardorum qui ad officium fullonum pertinent tam infra Burgum quam extra exceptis eciam omnibus ovis extra vigiliam pasche ad ipsam ecclesiam provenientibus et omni oblacione candele per totum annum preter candelam que provenit diebus dominicis ad altare cum pane benedicendo. Que omnia superius excepta ad Abbatissam et Moniales de Godestow integre pertinebunt. Vicarius autem habebit mansum ei assignatum ab occidente domus Abbatisse et solvet sinodalia et Moniales hospicium Archidiaconi procurabunt.

TYREFEUD. Vicaria in ecclesia de Tyrefeud que est Abbatis et Conventus de S. Albano auctoritate concilii ordinata est in hunc modum. Vicarius habebit nomine vicarie sue totum altaragium illius ecclesie cum redditu assiso et tota terra dominica ejusdem ecclesie et cum manso competente ei assignando et sustinebit omnia onera ordinaria debita et consueta illius ecclesie preter hospicium Archidiaconi quod monachi predicti procurabunt.

MEDMEHAM. Vicaria in ecclesia de Medmeham parochiali que est Abbatis et conventus Cist' ordinis ibidem auctoritate concilii ordinata consistit in toto altaragio ipsius ecclesie et in decimis garbarum unius hide quam Radulfus de Medmeham et tenentes sui tenent et in decimis dimidie virgate quam idem Radulfus tenet de terra de Witen'ie et in decimis dimidie virgate terre quam idem Radulfus tenet de Abbate de Medmeham et vocatur Mullond' et in decimis unius virgate quam Johannes et Thomas de Radeslo homines abbatis de Medmeham tenent et dimidia acra prati in Cherlemed' secundum quod fors singulis annis eandem contulerit et in duabus acris terre arabilis cum manso competente.

CHALSHUNT. Vicaria in ecclesia de Chalshunt que est abbatis et conventus de Messenden exdudum ordinata consistit in toto altaragio et in omnibus terris cum mesuagiis et aliis pertinenciis ad eandem terram ecclesie pertinentibus excepto mesuagio quod Radulfus quondam sacerdos et persona ecclesie memorate cum gña (?) proxima eidem mesuagio tenuit et excepto mesuagio quod Ricardus presbyter olim tenuit cum crofta. Decime autem garbarum totius parochie exceptis decimis terre ecclesie ad predictos Abbatem et conventui pertinent. Vicarius respondebit de sinodalibus et canonici de hospicio Archidiaconi. De aliis vero exactionibus vicarius pro vicaria sua et canonici pro sua porcione respondebunt.

MEDIETAS ECCLESIE DE CEST'SHAM. Vicaria illius medietatis ecclesie de Cestersham que est abbatis et Conventus Leircestr' exdudum ordinata consistit in omnibus obvencionibus medietatis totius altaragii et minutis decimis ejusdem.

ALTERA MEDIETAS EJUSDEM. Vicaria alterius medietatis ejusdem ecclesie que est abbatis et conventus de Wouburn exdudum ordinata consistit in alia medietate altaragii ejusdem ecclesie ad quam quidem vicariam prior de Dunestapell et conventus debent presentare qui tres marcas nomine pensionis sibi deberi asserunt de eadem licet asseratur in inquisicione secundum statum modernum nichil de ea posse solui. Hoc tamen de eorum assensu disposicioni episcopi relictum est. De oneribus neutrius partis nichil certum invenitur.

UPTON. Vicaria in ecclesia de Vpton que est prioris et conventus de Merton exdudum ordinata consistit in omnibus obvencionibus altaris cum omnibus minutis decimis totius parochie exceptis minutis decimis de curia dominica canonicorum et in dimidia virgata terre cum quodam mesuagio ad mansionem capellani ydoneo et in omnibus decimis garbarum de leguminibus ex ortis totius parochie proveniencium exceptis ortis dominicis canonicorum. Vicarius autem solvet sinodalia canonici vero hospicium Archidiaconi procurabunt.

STOKES. Vicaria in ecclesia de Stokes que est prioris et canonicorum de Luwerth ex dudum ordinata [*blank*] consistit in omnibus obvencionibus et minutis dicte ecclesie decimis exceptis minutis decimis de curia ipsorum canonicorum in eadem villa et in omnibus decimis garbarum de tota terra canonicorum et in septem acris de terra ecclesie de quibus tres jacent juxta stagnum domini ubi capellani habitare solebant et due in Wurde et due in Apelton. Consistit eciam in tota canonicorum terra cum pertinenciis suis que jacet inter dominicum domini versus aquilonem et moram. Vicarius autem omnia onera ordinaria dicte ecclesie sustinebit preter hospicium Archidiaconi quod de ordinacione domini Hugonis Linc' episcopi dicti canonici procurabunt.

[*Fo.* 6ᵃ].

WENGE. Vicaria in ecclesia de Wenge que est abbatis et conventus S. Nicholai de Aungiers exdudum ordinata consistit in tercia parte omnium proveniencium ipsi ecclesie garbarum altaragii terrarum et generaliter omnium ad dictam ecclesiam pertinencium.*

    * There is an almost illegible note in the margin here.

MESSEWORTHE. Vicaria in ecclesia de Messeword que est prioris et conventus de Kaldewell post decessum vel cessionem Magistri Ricardi de Tingehurst de dono Hugonis secundi et capituli per eundem ordinata consistit in toto altaragio et in tercia parte decime garbarum de dominico Torstani Basset et in tota terra ad dictam ecclesiam pertinente exceptis quatuor acris dictis priori et conventui in loco competenti ad inedificandum assignandis. Vicarius autem ibidem in officio sacerdotali administrans onera episcopalia sustinebit.

MENTEMOR. Vicaria in ecclesia de Mentemora que est prioris et conventus Sancti Bartholomei London' [*blank*].

WALDONE. Vicaria in ecclesia de Waldon que est prioris et conventus de Longa Villa auctoritate concilii ordinata consistit in omnibus proventibus altaris cum minutis decimis omnibus tam de dominico Comitis quam de tota parochia. Et solvet vicarius tantum sinodalia, monachi autem hospicium Archidiaconi procurabunt.

Bedeford'.

[*Fo.* 6ᵇ.]

HAGENES. Vicaria in ecclesia de Hagenes que est prioris et monialium de Chikessand auctoritate concilii ordinata est in hunc modum. Vicarius habebit nomine vicarie sue totum altaragium preter linum reddendo inde priori predicto xv solidos. Habebit eciam minutas decimas de dominico domini ville similiter cum omnibus aliis minutis decimis totius parochie et decimas de pannagio et de parco ipsius domini. Prior autem providebit dicto vicario toftum et omnia onera ipsius ecclesie sustinebit. Et valet vicaria iiijᵒʳ marc' total' ecclesia xij marc'.

FFLITTE. Vicaria in ecclesia de Flitte cum capella de Suiuelesho que est abbatisse et monialium de Aunestowe auctoritate concilii ordinata est in hunc modum. Vicarius habebit nomine vicarie sue totum altaragium matricis ecclesie et capelle cum manso competenti et una acra in uno campo et alia acra in alio campo. Et solvet vicarius sinodalia tantum moniales vero hospicium archidiaconi procurabunt. Et sunt ibi necessarii duo capellani.

WESTON. Vicaria in ecclesia de Weston que est earundem abbatisse et monialium [*blank*].

PULLOKESHUL. Vicaria in ecclesia de Pullokeshull que est prioris et conventus Dunestapell auctoritate concilii ordinata consistit in toto altaragio illius ecclesie et in x acris terre et in tercia parte decime garbarum totius ville preter quam de feodo Willielmi Wilcardi et Henrici Buignun. Et solvet vicarius sinodalia canonici vero hospicium Archidiaconi procurabunt. Reliqua autem onera debita et consueta tam canonici quam vicarius pro porcione sua sustinebunt.

SALEFORD. Vicaria in ecclesia de Saleford que est prioris et conventus de Newenham auctoritate concilii ordinata consistit in toto altaragio et in una virgata terre libere et omnibus decimis feni et aliis dictam ecclesiam contingentibus preter garbas et in manso competente pro quo vicarius reddet v solidos quia non est de ecclesia. Dicti vero canonici omnia onera ipsius ecclesie sustinebunt.

HISSEBURN. Vicaria in ecclesia de Hisseburn que est prioris et conventus de Dunestapell auctoritate concilii ordinata consistit in toto altaragio cum crofta et prato ex parte australi. Vicarius autem solvet sinodalia tantum et canonici omnia alia onera dicte ecclesie sustinebunt.

SEGENHO. Vicaria in ecclesia de Segenho que est eorundem auctoritate concilii ordinata consistit in toto altaragio exceptis agnis qui priori et canonici remanebunt. Et solvet vicarius sinodalia tantum canonici vero omnia alia ipsius ecclesie onera sustinebunt.

MELEBROK. Vicaria in ecclesia de Melebrock que est prioris et conventus de Bello Loco auctoritate concilii ordinata consistit in toto altaragio preter agnos cum manso competente et reddet vicarius monachis predictis˙ xl denarios et archid' tantummodo sinodalia: prior vero de hospicio archidiaconi et omnibus aliis oneribus respondebit et valet vicaria iiij marc' total' autem ecclesia x.

AUNTHILLE. Vicaria in ecclesia de Aunthill que est eorundem auctoritate concilii ordinata est in hunc modum. Vicarius habebit totam ecclesiam nomine vicarie sue preter majores et minutas decimas de dominico salvis inde dictis monachis v solidis annuis et solvet vicarius sinodalia tantum monachi vero omnia alia onera et cetera ut supra et valet vicaria v marc'. Totalis autem ecclesia C sol'.

CLOPHULLE. Vicaria in ecclesia de Clophull que est eorundem auctoritate concilii ordinata est in hunc modum. Vicarius habebit nomine vicarie sue totum altaragium preter agnos solvendo monachis predictis x solidos annuos. Habebit eciam mansum quod vicarius habere consuevit nihil inde reddendo. Et solvet vicarius tantummodo sinodalia monachi vero omnia alia et cetera ut supra et valet vicaria iiij marc' total' ecclesia v.

SUNEDON. Vicaria in ecclesia de Sunedon que est priorisse et monialium de cella S. Trinitatis [blank].

POTESGRAVE. Vicaria in ecclesia de Potesgraue que est prioris et conventus de Bello Loco auctoritate concilii ordinata consistit in toto altaragio et in decimis omnimodis tenencium Abbatis in Potesgrave.

TILLESWORTHE. Vicaria in ecclesia de Tillesword que est priorisse et conventus de cella Sancti Sgulii [blank].

EYTON. Vicaria in ecclesia de Eiton que est prioris et conventus de Merton [blank].

[Fo. 7ª].

HOCHTON. Vicaria in ecclesia de Hochton que est Abbatis et conventus S. Albani exdudum ordinata consistit in omnibus obvencionibus altaris et minutis decimis. Et sustinebit vicarius omnia onera preter hospicium Archidiaconi quod dicti Abbas et conventus procurabunt.

CHAUGRAVE. Vicaria in ecclesia de Chaugrave que est prioris et conventus Dunestapell auctoritate concilii ordinata consistit in toto altaragio et in duabus croftis cum gardino que sunt juxta ecclesiam quarum major que est ex parte occidentali continet in se iiij^{or} acras et minor cum gardino assignabitur ei pro manso scilicet que est ex parte australi. Et solvet vicarius sinodalia et canonici procurabunt hospicium archidiaconi.

TOTERNHO. Vicaria in ecclesia de Toternho que est eorundem auctoritate concilii ordinata consistit in toto altaragio ipsius ecclesie et in redditu x denariorum de terra Ricardi Godwer et in medietate decime feni de tota parochia. Et solvet vicarius sinodalia : canonici vero hospicium archidiaconi procurabunt.

STODHAM. Vicaria in ecclesia de Stodham que est eorundem auctoritate concilii ordinata consistit in toto altaragio ejusdem ecclesie cum manso competente et continente circiter vij acras salvis ipsis priori et conventui de prefato altaragio una marca annua et agnis. Et solvet vicarius sinodalia canonici vero ut supra.

LUTON. Vicaria in ecclesia de Luton que est abbatis et conventus S. Albani auctoritate concilii ordinata est in hunc modum. Vicarius habebit nomine vicarie sue omnes obvenciones et omnes minutas decimas ecclesie de Luton et omnium capellarum ad eam pertinencium et omnia alia ad eandem ecclesiam et capellas pertinencia cum manso competenti exceptis garbis et terra ad ecclesiam et capellas pertinente. Et vicarius sustinebit omnia onera ecclesie parochialia sinodalia archidiaconalia ordinaria et consueta.

HENLAWE. Vicaria in ecclesia de Henlawe que est prioris et conventus de Lanton' exdudum ordinata consistit in tercia parte omnium decimarum garbarum et feni et obvencionum aliorum preter panem et caseum qui integre cedentur in usus vicarii.

AILRICHESEYA. Vicaria in ecclesia de Ailrichesheya que est abbatis et conventus de Wautham exdudum ordinata consistit in omnibus ad dictam ecclesiam pertinentibus preter decimas garbarum.

STOTFAUD. Vicaria in ecclesia de Stotfaud que est priorisse et conventus de Chickesand auctoritate concilii ordinata consistit in toto altaragio et minutis decimis omnibus preter linum et in manso competente per priorem (*sic*) ei assignando. Et solvet vicarius dicto priori tres marcas annuatim. Qui quidem prior omnia onera illius ecclesie debita et consueta sustinebit. Et valet totalis ecclesia xv marc' vicaria vero v.

DUNTON. Vicaria in ecclesia de Dunton que est monialium de Haliwell exdudum ordinata consistit in toto altaragio cum manso competente et sustinebit vicarius omnia onera illius ecclesie debita et consueta.

LANGEFORD. Vicaria in ecclesia de Langeford que est fratrum milicie Templi auctoritate concilii ordinata consistit in toto altaragio ejusdem ecclesie cum manso competente et in omnibus ad eandem spectantibus preter decimas garbarum et preter decimas provenientes de molendinis et preter terram ecclesie. Et sustinebit vicarius omnia onera illius ecclesie debita et consueta, solvendo predictis fratribus unam marcam annuam de eadem.

S. JOHANNIS BEDEFORD'. Vicaria in ecclesia Sancti Johannis Bedef' que est fratrum Hospital' ejusdem ville [blank].

KEMMESTON. Vicaria in ecclesia de Kemmeston que est Abbatisse et monialium de Alnestowe auctoritate concilii ordinata consistit in toto altaragio illius ecclesie et manso juxta ecclesiam cum crofta ad vicariam assignato : salvis dictis monialibus xl sol' annuis per manum vicarii nomine beneficii perpetui de ipsa vicaria percipiendis et oblacione candele die purificacionis ad eandem ecclesiam proveniente.

GOLDINGETON. Vicaria in ecclesia de Goldingeton que est prioris et conventus de Newenham auctoritate concilii ordinata consistit in toto altaragio cum omnibus minutis decimis et duabus acris terre in campis [preter lanam et agnos*] et in manso competente. Dicti autem prior et conventus omnia onera illius ecclesie debita et consueta sustinebunt et valet total' ecclesia x marc' vicaria vero v.

* Qu. cancelled.

[Fo. 7ᵇ].

KERDINGTON. Vicaria in ecclesia de Kerdingeton que est eorundem auctoritate concilii ordinata consistit in toto altaragio et omnibus minutis decimis et duabus acris terre in campis cum manso competente. Dicti vero prior et conventus omnimoda illius ecclesie onera sustinebunt. Et valet vicaria v marc.' Totalis ecclesia x marc'.

WILETON. Vicaria in ecclesia de Wileton que est eorundem auctoritate concilii ordinata consistit in toto altaragio et omnibus minutis decimis et in decimis molendinorum cum manso competente illi assignato cum crofta. Prior vero et conventus omnimoda illius et onera ut supra. Et valet vicaria v marc.' Totalis ecclesia x marc.

COKKEPOL. Vicaria in ecclesia de Cockepol que est monialium de Chekessand auctoritate concilii ordinata consistit in toto altaragio preter linum et solvet vicarius monialibus xiiij solidos quo quidem invenient ei mansum competentem juxta ecclesiam et de omnibus oneribus ejusdem ecclesie providebunt. Et valet vicaria iiij^{or} marc.' Totalis ecclesia xij marc'.

BOKESDENE. Vicaria in ecclesia de Bokesden que est canonicorum de Kaudewell exdudum ordinata consistit in omnibus preter garbas ad dictam ecclesiam spectantibus cum manso quodam juxta ecclesiam.

BEREFORD. Vicaria in ecclesia de Bereford que est prioris et canonicorum de Newenham auctoritate concilii ordinata consistit in toto altaragio et in decimis molendinorum et in omnibus minutis decimis preter lanam et agnos cum manso competente ei assignato salvis dictis priori et conventui duabus marcis annuis de eadem vicaria percipiendis qui quidem omnia onera illius ecclesie sustinebunt. Et valet vicaria viii marc' total' ecclesia xx^{ti}.

RENHALE. Vicaria in ecclesia de Renhale que est eorundem ordinata ut supra consistit in toto altaragio et omnibus minutis decimis preter agnos cum manso competente : dicti vero prior et conventus omnia onera ut supra. Et valet vicaria v marc.' Totalis ecclesia x.

RAVENSDEN. Vicaria in ecclesia de Ravensden que est eorundem ordinata ut supra consistit in toto altaragio et in decimis provenientibus de tota terra Alani de Orewell et de tota terra Willielmi Engaine in eadem villa et in x solidis de tenentibus ecclesie ut in antiquo rotulo in parochia de Ravensden. Et solvet vicarius tantum sinodalia prior vero et conventus omnia alia onera sustinebunt et injunctum fuit Archidiacono in institucione Abel' vicarii quod si dicta vicaria non valeret v marc' sic ordinata adiceret ei de bonis ecclesie tantum quod talis valoris esset annuatim.

CAISHO. Vicaria in ecclesia de Kaisso que est monialium de Chikessand consistit in toto altaragio preter linum cum manso competente eidem assignando et solvet priori annuatim xl solidos qui de omnibus respondebit et valet vicaria v marc' totalis ecclesia xv.

STACHEDEN. Vicaria in ecclesia de Stacheden que est prioris et conventus de Newenham auctoritate concilii ordinata consistit in toto altaragio et in una virgata terre libere cum omnibus decimis feni et aliis dictam ecclesiam contingentibus preter garbas et in manso competente pro quo reddet canonicis v solidos quia non est de ecclesia et canonici sustinebunt omnia onera et valet vicaria [*blank*] marc' totalis ecclesia x marc'.

HAREWOUD. Vicaria in ecclesia de H~~~~~
lium ibid..

Errata.

Page 24. For *Bokesdene* read *Rokesdene*.

„ 109. Dele *Sharpenhoc?*

PODINGTON. Vicaria in ecclesia de Pudington que est canonicorum de Eysseby consistit in toto altaragio et duabus acris terre cum manso competente et valet vicaria auctoritate concilii sic ordinata quinque marcas et amplius. Totalis autem ecclesia [*blank*].

STIVINGTON. Vicaria in ecclesia de Stiuington que est monialium de Harewoud per dominum episcopum sic ordinata est. Vicarius habebit nomine [*Fo.* 8ª.] vicarie sue totum altaragium cum omnibus obvencionibus et decimis minutis et decimis molendinorum et manso proximiori ecclesie et alio manso ex altera parte vie juxta novum mansum qui cedet in partem monialium. Item habebit unam acram prati juxta fontem in uno loco et alibi dimidiam que dicitur le Holm: item unam acram terre que dicitur acra Sancti Nicholai et tres rodas in campis juxta eandem acram. Habebit eciam omnes decimas garbarum de villa de Paveham que spectant ad ecclesiam de Stiuington et solvet tantum sinodalia: moniales autem habebunt terram ecclesie residuam cum novo manso et omnes alias decimas garbarum et feni et hospicium Archidiaconi procurabunt.

BURHAM. Vicaria in ecclesia de Bruham [Bromeham*] que est canonicorum de Kaldewell [*blank*].

* In a later hand.

... monialibus xiiij solidos que quidem

canonicorum de Newenham auctoritate ...
toto altaragio et in decimis molendinorum et in omnibus minutis
decimis preter lanam et agnos cum manso competente ei assignato
salvis dictis priori et conventui duabus marcis annuis de eadem
vicaria percipiendis qui quidem omnia onera illius ecclesie sustinebunt. Et valet vicaria viii marc' total' ecclesia xx^{ti}.

RENHALE. Vicaria iu ecclesia de Renhale que est eorundem
ordinata ut supra consistit in toto altaragio et omnibus minutis
decimis preter agnos cum manso competente : dicti vero prior et
conventus omnia onera ut supra. Et valet vicaria v marc.' Totalis
ecclesia x.

RAVENSDEN. Vicaria in ecclesia de Ravensden que est
eorundem ordinata ut supra consistit in toto altaragio et in decimis
provenientibus de tota terra Alani de Orewell et de tota terra
Willielmi Engaine in eadem villa et in x solidis de tenentibus
ecclesie ut in antiquo rotulo in parochia de Ravensden. Et solvet
vicarius tantum sinodalia prior vero et conventus omnia alia onera
sustinebunt et injunctum fuit Archidiacono in institucione Abel'
vicarii quod si dicta vicaria non valeret v marc' sic ordinata adiceret
ei de bonis ecclesie tantum quod talis valoris esset annuatim.

CAISHO. Vicaria in ecclesia de Kaisso que est monialium de
Chikessand consistit in toto altaragio preter linum cum manso
competente eidem assignando et solvet priori annuatim xl solidos
qui de omnibus respondebit et valet vicaria v marc' totalis ecclesia xv.

STACHEDEN. Vicaria in ecclesia de Stacheden que est prioris
et conventus de Newenham auctoritate concilii ordinata consistit in
toto altaragio et in una virgata terre libere cum omnibus decimis
feni et aliis dictam ecclesiam contingentibus preter garbas et in
manso competente pro quo reddet canonicis v solidos quia non
est de ecclesia et canonici sustinebunt omnia onera et valet vicaria
[*blank*] marc' totalis ecclesia x marc'.

HAREWOUD. Vicaria in ecclesia de Harewoud que est monialium ibidem sic est ordinata. Vicarius habebit nomine vicarie sue victum suum honorifice ad mensam priorisse et duas marcas annuas ad vestitum et oblaciones suas in majoribus sollempnitatibus sicut continetur in consimilibus vicariis. Habebit eciam fenum ad palefridum suum et cum ierit in utilitatem domus vel ad sinodalia et capitula prebendam. Item habebit mansum competentem in prioratu vel extra prout episcopo visum fuerit ubi cum necesse fuerit parochiani sui bene possint accedere ad ipsum. Item habebit diaconum et garcionem quibus priorissa loci tam in necessariis victus quam in stipendiis providebit et valet vicaria [blank] totalis autem ecclesia [blank].

PODINGTON. Vicaria in ecclesia de Pudington que est canonicorum de Eysseby consistit in toto altaragio et duabus acris terre cum manso competente et valet vicaria auctoritate concilii sic ordinata quinque marcas et amplius. Totalis autem ecclesia [blank].

STIVINGTON. Vicaria in ecclesia de Stiuington que est monialium de Harewoud per dominum episcopum sic ordinata est. Vicarius habebit nomine [Fo. 8ª.] vicarie sue totum altaragium cum omnibus obvencionibus et decimis minutis et decimis molendinorum et manso proximiori ecclesie et alio manso ex altera parte vie juxta novum mansum qui cedet in partem monialium. Item habebit unam acram prati juxta fontem in uno loco et alibi dimidiam que dicitur le Holm : item unam acram terre que dicitur acra Sancti Nicholai et tres rodas in campis juxta eandem acram. Habebit eciam omnes decimas garbarum de villa de Paveham que spectant ad ecclesiam de Stiuington et solvet tantum sinodalia : moniales autem habebunt terram ecclesie residuam cum novo manso et omnes alias decimas garbarum et feni et hospicium Archidiaconi procurabunt.

BURHAM. Vicaria in ecclesia de Bruham [Bromeham*] que est canonicorum de Kaldewell [blank].

* In a later hand.

Huntingdon'.

[*Fo.* 8ᵇ.]

S. MARIE HUNTINGDON'. Vicaria in ecclesia Sancte Marie Huntind' que est canonicorum ibidem auctoritate concilii sic est ordinata. Vicarius habebit nomine vicarie sue unum corredium canonici ad mensam canonicorum et viginti solidos annuos videlicet x solidos ad festum S. Michaelis et x solidos ad Pasc' pro stipendiis de proventibus ecclesie predicte percipiendos. Et habebit clericum et garcionem suum ad mensam prioris cum clericis et garcionibus ejusdem.

SLEPA. Vicaria in ecclesia de Slepa que est monachorum Rames' auctoritate concilii sicut est ordinata. Vicarius habebit nomine vicarie sue omnes minutas decimas et obvenciones altarium tam ecclesie de Slap' quam capellarum de Hurst et generaliter omnia dictas ecclesiam et capellas jure parochiali contingencia exceptis terra ecclesie et decimis garbarum et feni. Sustinebit autem dictus vicarius omnia onera ordinaria dictarum ecclesie et capellarum debita et consueta preter hospicium Archidiaconi quod ipsi monachi procurabunt, et de extraordinariis respondebunt. Solvet eciam vicarius priori de Sancto Iuone qui pro tempore fuerit centum solidos in quatuor anni terminis scilicet ad festum S. Michaelis xxv solidos ad Nativitatem Domini xxv solidos ad Pasc' xxv solidos et ad Nativitatem S. Johannis Baptiste xxv solidos.

In the margin in a later hand, "S. Ivonis."

WINEWIK. Vicaria in ecclesia de Wynewic que est canonicorum Huntind' auctoritate concilii sic est ordinata. Consistit in toto altaragio et mesuagio competenti juxta ecclesiam et in omnibus minutis decimis et proventibus ecclesie. Salvis eisdem priori et canonicis decimis garbarum feni molendinorum et terra ecclesie et omnibus decimis de dominico eorum undecunque provenientibus. Vicarius sustinebit onera parochialia. Canonici respondebunt de sinodalibus et procurabunt hospicium Archidiaconi. Valet vicaria iiijᵒʳ marc.' Totalis ecclesia octo.

MAGNA GIDDING. Vicaria in ecclesia de Magna Gedding que est eorundem auctoritate concilii ordinata consistit in toto altaragio et mesuagio competenti juxta ecclesiam et in omnibus minutis decimis et proventibus ecclesie. Salvis eisdem Canonicis ut supra in vicaria prox'. Vicarius respondebit de sinodalibus et sustinebit onera parochialia et solvet annuatim sacriste Hunt' v solidos. Canonici Archidiaconum procurabunt et alia onera a predictis ordinaria sustinebuntur. Valet vicaria quinque marc.' Totalis ecclesia decem.

ALKMUNDEBIR'. Vicaria in ecclesia de Alkmundebir' que est Canonicorum de Merton ab antiquo sic est ordinata. Vicarius percipiet omnes minutas decimas et obvenciones ad ecclesiam ipsam spectantes preter garbas et sustinebit omnia onera episcopalia.

GUMECESTR'. Vicaria in ecclesia de Gumecestr' que est eorundem Canonicorum de Merton auctoritate concilii sic est ordinata. Vicarius percipiet omnes obvenciones altaris et omnes minutas decimas et alios proventus ejusdem ecclesie preter decimas garbarum et preter terram ecclesie cum tenentibus ejusdem et redditibus tenencium. Et habebit mansum scilicet terram que fuit Amabilie que consuevit reddere quinque solidos et alium mansum qui fuit Radulfi qui consuevit solvere tres solidos. Habebit eciam quatuor acras prati in prato de Bra'pton cum suo onere et debet omnia onera ipsius ecclesie tam episcopalia quam archidiaconalia sustinere et de predictis ad valenciam xxij marcarum vicario assignatis reddet vicarius annuas x marcas ad pascam et ad festum sancti Michaelis.

HEMINGFORD. Vicaria in ecclesia de Hemingford que est Canonicorum Huntind' auctoritate concilii ordinata consistit in toto altaragio et mesuagio competenti et omnibus minutis decimis et proventibus ecclesie. Salvis eisdem Canonicis ut supra in vicaria de Winewic. Vicarius respondebit de sinodalibus et sustinebit onera parochialia. Et solvet annuatim Sacriste Hunt' dimidiam marcam. Canonici respondebunt de procuracione Archidiaconi. Valet vicaria quatuor marc' et dimid.' Totalis ecclesia ix marc.'

STIVEKLE. Vicaria in ecclesia de Stiuecl' que est eorundem canonicorum Hunt' auctoritate concilii ordinata consistit in toto altaragio et mesuagio competenti juxta ecclesiam et in omnibus minutis decimis et proventibus ecclesie. Salvis eisdem canonicis ut supra vicaria proxima. Vicarius respondebit de sinodalibus et sustinebit onera parochialia. Canonici facient procuracionem Archidiaconi. Valet vicaria quinque marc.' Totalis ecclesia xii marc.'

[Fo. 9a.]

B. MARIE APUD SANCTUM NEOTUM. Vicaria in ecclesia Beate Marie apud Sanctum Neotum que est prioris et conventus ibidem [blank].

EVERTON. Vicaria in ecclesia de Euerton que est eorundem [blank].

PERTTON. Vicaria in ecclesia de Pertton que est prioris et conventus Hertford' exdudum ordinata consistit in uno denario ad quamlibet missam ad quam provenit oblacio denarii ad minus in villa de Pertton et in racionabili legato secundo post legatum ecclesie. Item in omnibus minutis decimis oblacionibus et obvencionibus altaris capelle de Ikelesford et in omnibus decimis garbarum ibidem preter quam de dominico Radulfi de Riparia et de dominico Willielmi fil' Radulfi. Item in omnibus minutis decimis oblacionibus et obvencionibus altaris capelle de Ranewic et in omnibus decimis garbarum ibidem preter quam de dominico Wischardi Leydet et de una virgata terre canonicorum de Lanton' unde nec decimas garbarum nec minutas decimas percipiet vicarius. Sustinebit autem vicarius omnia onera tam episcopalia quam archidiaconalia tam pro ecclesia de Pertton quam pro capellis de Ikelesford et de Ranewic preter quam hospicium Archidiaconi quod supradicti prior et conventus sustinebunt.

WESTON. Vicaria in ecclesia de Weston que est Templariorum exdudum ordinata consistit in omnibus minutis decimis et obvencionibus de sola Weston cum manso competente. Et solvet vicarius tantum synodalia.

WYMUNDELE. Vicaria in ecclesia de parva Wimundel' que est prioris hospitalis ibidem auctoritate concilii ordinata consistit in toto altaragio exceptis decimis et obvencionibus fratrum hospitalis predicti quod situm est in eadem parochia et exceptis oblacionibus totius familie eorundem et decima de vinea domini et oblacionibus domini et libere familie sue si quando in alio loco oblaciones suas facere voluerit. Magister vero hospitalis respondebit de omnibus debitis et consuetis.

HICCHE. Vicaria in ecclesia de Hyeche que est Abbatisse et conventus de Aunestowe auctoritate concilii ordinata consistit in toto altaragio ipsius ecclesie et una acra in uno campo et alia in alio et in manso competente et reddet vicarius dictis monialibus xiij marcas annuas de quibus ipse moniales solvent fratribus templi unam marcam annuam et respondebit vicarius de synodalibus. Moniales vero hospicium Archidiaconi procurabunt. Sunt autem ibi duo capellani necessarii.

MAGNA WIMUNDELE. Vicaria in ecclesia de magna Wimundel' que est earundem auctoritate concilii ordinata consistit in toto altaragio cum manso competente et in una acra in uno campo et alia in alio et solvet vicarius dictis monialibus dimidiam marcam annuatim et respondebit de sinodalibus: moniales vero hospicium Archidiaconi procurabunt.

DYNESLE. Vicaria in ecclesia de Dynesl' que est earundem auctoritate concilii ordinata consistit in toto altaragio cum manso competente et in una acra in uno campo et alia in alio et solvet vicarius monialibus duas marcas annuas et respondebit de sinodalibus: moniales vero hospicium archidiaconi procurabunt.

KEMINGTON. Vicaria in ecclesia de Keminton que est prioris et conventus de Merton exdudum ordinata consistit in omnibus minutis decimis et obvencionibus et terris ad ipsam ecclesiam pertinentibus et in quibusdam decimis bladi in villa de Bikeword.

SANDON. Vicaria in ecclesia de Sandon que est Capituli S. Pauli London' exdudum ordinata consistit in omnibus minutis decimis et obvencionibus altaris exceptis minutis decimis dominicorum et sustinebit vicarius omnia onera.

OMNIUM SANCTORUM DE HERTFORD'. Vicaria in ecclesia de Hertford' que est abbatis et conventus de Wautham auctoritate concilii ordinata consistit in omnibus minutis decimis et obvencionibus altaris et solvet dictis abbati et conventui annuam pensionem trium marcarum cum eam probaverint esse debitam et antiquam. Sustinebit eciam vicarius omnia onera illius ecclesie ordinaria.

S. JOHANNIS DE EADEM. Vicaria in ecclesia S. Johannis Hertford' que est monachorum ibidem auctoritate concilii ordinata consistit in omnibus minutis decimis ipsius ecclesie preter decimam lini et omnibus oblacionibus offerendis nomine decimarum et in denariis missalibus et in toto pane altaris et in oblacione trium [*Fo.* 9ᵇ] denariorum die natali et in tota oblacione et obvencione ad primam missam die pasce et in medietate obvencionum proveniencium de sponsalibus et in omnibus obvencionibus provenientibus de confessionibus et tricentalibus et annualibus et percipiet vicarius unum panem monachi et tres galones cervisie singulis diebus et potagium tanquam monachus et octo sol' et octo den' per manus prioris per annum. Item percipiet decimas bladi de campo qui dicitur Grymestede. Et valet vicaria Cs.

BENINGEHO. Vicaria in ecclesia de Beningeho que est prioris de Bermundese exdudum ordinata consistit in omnibus minutis decimis et obvencionibus altaris: et sustinebit vicarius omnia onera ordinaria preter hospicium archidiaconi quod prior procurabit. Solvet autem vicarius unum bisantium annuum dicto priori ei debitum ab antiquo.

PARVA GATESDEN. Vicaria in ecclesia de parva Gatesden que est abbatis et conventus S. Jacobi Northampton' auctoritate concilii ordinata consistit in toto altaragio quod valet xviii sol' et habebit vicarius decimas garbarum de quinque virgatis terre et dimidia que valent duas marcas, et·xs. de una scilicet virgata que fuit Uliani clerici et de medietate decimarum garbarum totius dominici Symonis de Welleston et habebit vicarius mansum competentem juxta ecclesiam. Predicti vero canonici de episcopalibus respondebunt. Ecclesia totalis valet Cs. Vicaria autem quatuor marc' et xvjd.

Northampton'.

[*Fo.* 10ª.]

BEATI JOHANNIS BAPT. APUD BURGUM S. PETRI. Vicaria in ecclesia Beati Johannis Baptiste apud Burgum Beati Petri que est monachorum ibidem auctoritate concilii ordinata consistit in tercia parte decimarum lane lini agnorum porcellorum pullorum vitulorum aucarum et tercia parte omnium candelarum oblatarum et in medietate omnium denariorum missalium preter quam apud Thorp ubi vicarius percipit omnes denarios missales et in tercia parte omnium aliarum oblacionum excepto pane cum campanagio et decima lactis et ortorum que vicarius totaliter percipiet exceptis eciam toto cyragio et omnibus oblacionibus cum corpore presenti provenientibus et primo testamento que sacrista percipit. Habet eciam vicarius mansum competentem et xxiij acras terre arabilis et corredium monachi ad mensam abbatis vel ad domum suam deferendum cum voluerit. Valet autem tercia pars decime lane viijs. lini xviijd. agnorum vs. porcellorum et aucarum iijs. vitulorum et pullorum vs. et tercia pars decimarum mercatorum et oblacionum in quibus sacrista non participat per annum quatuor marc'. Sunt preterea quedam in quibus sacrista non participat videlicet oblaciones omnes de S. Botulfo que valent i marc', denarii confessionum utrobique quorum summa est xxijs., decima lactis xxxs., denarii dominicis diebus et candele in festo purificacionis et in aliis purificac' per annum xs. Corredium ad mensam abbatis valet xiiijs. Et valet vicaria secundum estimacionem suprascriptam exceptis denariis missalibus xj^{li}. et xviijd.

WRITHORP. Vicaria in ecclesia de Writhorp que est monialium ibidem auctoritate concilii ordinata [*blank*].

MAKESEYE. Vicaria in ecclesia de Makeseye que est monachorum de Burgo exdudum ordinata consistit in omnibus obvencionibus altaris et minutis decimis garbarum de la Haum et sustinebit vicarius omnia onera illius ecclesie debita et consueta.

FFODRINGEYE. Vicaria in ecclesia de Fodringeie que est monachorum de prato extra Northampton' auctoritate concilii ordinata est sic. Vicarius habebit nomine vicarie sue totum altaragium cum manso competente reddendo inde annuatim i marc' argenti monialibus supradictis que procurabunt hospicium Archidiaconi et vicarius de sinodalibus respondebit.

SLIPTON. Vicaria in ecclesia de Slipton que est magistri hospitalis Northampt' auctoritate concilii ordinata consistit in toto altaragio et in omnibus minutis decimis preter quam de propriis animalibus ipsius magistri et in medietate decime garbarum de tota parochia cum manso competente.

HEMINGTON. Vicaria in ecclesia de Hemington que est prioris et conventus S. Neoti auctoritate concilii ordinata consistit in toto altaragio et tota terra dominica ecclesie cum manso competente et in i marca. annua per Archidiaconum Northampton' certo loco assignanda in decimis garbarum de duabus virgatis terre in Torp quas Robertus fil' Sewini et Willielmus Belle et Hugo de Tiringham et Galfridus tenuerunt et solvet vicarius sinodalia tantum monachi vero hospicium archidiaconi procurabunt.

ADINGTON. Vicaria in ecclesia de Adinton que est Abbatis et conventus de Suleby auctoritate concilii ordinata consistit in toto altaragio et in tota terra dominica ejusdem ecclesie et in manso competente cum medietate curie ecclesie adjacentis et percipiet annuatim ab abbate sex quarter' frumenti et sex ord' annuatim ad duos terminos scilicet medietatem ad festum S. Michaelis et medietatem ad pascham. Et sustinebit vicarius omnia onera episcopalia dictam ecclesiam contingencia.

In the margin :—" Inst. ao. xvii."

BOSEGATE. Vicaria in ecclesia de Bosegate que est abbatis et conventus S. Jacobi Northampton' auctoritate concilii ordinata consistit in toto altaragio cum manso competente et in dimidia marca annua eidem vicarie in certo loco assignanda per Archidiaconum Northampton.' Et solvet vicarius sinodalia tantum, Canonici vero hospicium Archidiaconi procurabunt.

WOLANESTON. Vicaria in ecclesia de Wolaneston que est monialium de prato extra Northampton' auctoritate concilii ordinata consistit in toto altaragio preter annuum redditum xxs. de ipso altaragio in certo loco subtrahendum. Idem autem vicarius solvet sinodalia et moniales hospicium Archidiaconi procurabunt.

WENLINGBVRGH. Vicaria in ecclesia de Wenlingburgh que est abbatis et conventus Croyland' exdudum ordinata consistit in toto altaragio et in omnibus minutis decimis et in dimidia virgata terre cum manso pro quo vicarius reddere debet abbati sicut monachi dicunt vs. annuatim et sustinebit abbas omnia onera illius ecclesie debita et consueta.

In the margin :—" Non est ordinata per Episcopum."

ESSEBY. Vicaria in ecclesia de Esseby que est abbatis et conventus de Alneto auctoritate concilii ordinata consistit in toto altaragio et in i virgata terre de terra ecclesie cum omnibus decimis et aliis pertinenciis suis et in omnibus decimis de tribus virgatis terre quas Helyas tenet provenientibus. [*Fo.* 10ᵇ]. Residuum autem habent dicti monachi in propriis usibus auctoritate Sauarici quondam Archidiaconi Northampton'.

RODES. Vicaria in medietate ecclesie de Rodes que est abbatis et conventus S. Jacobi Northampton' et valet xv marc' preter altaragium quod valet ij marc' [*blank*].

PRESTON. Vicaria in ecclesia de Preston que est prioris et conventus S. Andree Northampton' auctoritate concilii ordinata est in hunc modum. Vicarius habebit nomine perpetue vicarie totum altaragium et decimas valentes viginti tres solidos annuos per archidiaconum assignandos in certo loco cum manso competente et habebit communam pasture quanta pertinet ad i virgatam terre et solvet vicarius sinodalia tantum monachi vero hospicium archidiaconi procurabunt.

HORTON. Vicaria in ecclesia de Horton que est abbatis et conventus S. Jacobi Northampton' auctoritate concilii ordinata est in hunc modum. Vicarius habebit nomine perpetue vicarie totum altaragium cum manso competente et dimidiam marcam annuam in certo loco assignandam per archidiaconum et solvet sinodalia tantum. Canonici vero hospicium archidiaconi procurabunt.

BRAMFEUD. Vicaria in ecclesia de Bramfeud que est prioris et conventus S. Andree Northampton' auctoritate concilii ordinata est sic. Vicarius habebit nomine perpetue vicarie totum altaragium cum principali legato et terram ecclesie in dominico et serviciis que valent per annum ad minus xvjs. cum manso competente et solvet sinodalia tantum ; monachi vero hospicium archidiaconi procurabunt.

PARVA HOGHTON. Vicaria in ecclesia de Parva Hocton que est eorundem auctoritate concilii ordinata [*blank*].

HARDINGESTHORN. Vicaria in ecclesia de Hardingesthorn que est eorundem auctoritate concilii ordinata consistit in toto altaragio preter agnos et in i virgata terre cum pertinenciis in eadem villa et in sexaginta travis bladi de quolibet blado ab ipso priore percipiendis annuatim.

OMNIUM SS., NORTHAMPTON'. Vicaria in ecclesia omnium Sanctorum Northampton' que est monachorum S. Andree Northampton' auctoritate concilii ordinata. Vicarius habebit nomine vicarie sue unum corredium monachale cotidianum in refectorio vel in camera prioris vel alibi ubi voluerit et serviens suus similiter unum corredium consimile habebit unius majorum servientum prioratus et xxxs. annuos pro stipendiis et preterea in quatuor principalibus festis oblacionem scilicet in quolibet festo vjd. Item medietatem secundi legati. Item quolibet die dominica residuum panis benedicti. Item quum celebrabit pro corpore presenti vel in contractu nupciarum unum denarium. Monachi sustinebunt omnia onera et invenient suis sumptibus duos capellanos in adjutorium vicarii et clericos dictis capellanis necessarios. Idem autem vicarius capellani et clerici juramentum prestabunt dictis priori et monachis de fidelitate eis observanda in temporalibus.

S. EDMUNDI, NORTHAMPTON'. Vicaria in ecclesia S. Edmundi Northampton' que est eorundem auctoritate concilii ordinata est sic. Vicarius habebit nomine vicarie sue totam ecclesiam illam solvendo predictis monachis xxs. de eadem et sustinendo omnia onera ejusdem ecclesie debita et consueta. Et providebunt monachi vicario sicut et omnibus aliis de manso competente.

S. GREGORII, NORTHAMPTON'. Vicaria in ecclesia S. Gregorii Northampton' que est eorundem auctoritate concilii ordinata est sic. Vicarius habebit nomine vicarie sue sibi in refectorio vel in camera prioris utrum voluerit unum corredium monachale et garcioni suo unum corredium garcionis et duas marcas annuas pro stipendiis et in oblacionibus et secundo legato et in sponsalibus et corpore presenti ut supra in vicaria Omnium Sanctorum. Monachi vero omnia onera sustinebunt ut supra : et est ibi capella S. Thome que non consuevit deserviri nisi de gracia.

S. BARTHOLOMEI, NORTHAMPTON.' Vicaria in ecclesia S. Bartholomei Northampton' que est eorundem auctoritate concilii ordinata est sic. Vicarius habebit nomine vicarie sue totam illam ecclesiam reddendo inde annuatim dictis monachis i libram albi incensi et omnia onera illius ecclesie sustinendo.

S. EGIDII, NORTHAMPTON'. Vicaria in ecclesia S. Egidii Northampton' que est eorundem auctoritate concilii ordinata est sic. Vicarius habebit nomine vicarie sue totam illam ecclesiam reddendo inde dictis monachis annuatim xij marcas si capitulum Lincoln' noluerit eis confirmare ij marcas in proprios usus similiter cum x quas prius habent in eadem.

[*Fo.* 11ª].

S. MICHAELIS, NORTHAMPTON'. Vicaria in ecclesia S. Michaelis Northampton' que est eorundem auctoritate concilii ordinata est sic. Vicarius habebit nomine vicarie sue totam ecclesiam illam reddendo inde dictis monachis annuatim quatuor marcas et de sinodalibus tantum respondendo.

WEDON.* Vicaria in ecclesia de Wedon que est abbatis S. Luciani Beluacen' auctoritate concilii ordinata consistit in decimis garbarum xii virgatarum et dimidie et in tercia parte totius altaragii exceptis minutis decimis de curia domini et oblacionibus ad reliquias ecclesie de Wedon provenientibus et excepta candela in die purificacionis Beate Marie. Et valet vicaria sic ordinata v marc' et amplius.

* In a later hand :—" Pynkeney."

ESSEBY [*Canonicorum**]. Vicaria in ecclesia de Esseby que est prioris et conventus ibidem auctoritate concilii ordinata est sic. Vicarius habebit nomine perpetue vicarie sibi et diacono suo quem invenient necessaria victus in prioratu cum debita honestate et xxxs. annuos pro stipendiis : habebit eciam secundum legatum usque ad vjd. et quod ultra fuerit ipsi canonici et vicarius dimidiabunt. Item habebit in quatuor principalibus festis anni oblaciones suas scilicet die natali iijd. et utroque aliorum festorum id. et preterea id. cum corpus fuerit presens. Canonici autem invenient ei palefridum ad sinodum ad capitulam et ad infirmos cum fuerit necesse et sustinebunt omnia onera illius ecclesie debita et consueta et habebit vicarius mansum extra portam prioratus quem Henricus filius Simonis tenuit quem canonici ei invenient.

* In a later hand.

BLAKOLUESLE. Vicaria in ecclesia de Blakoluesle que est Hospitalariorum [Rotulatur ordinacio hujus vicarie in Rotulo Roberti quondam Lincoln' episcopi anno episcopatus ejus viij° de institutionibus.*]

* In a later hand.

PATESHULLE. Vicaria in ecclesia de Pateshull que est prioris et canonicorum de Dunestapell auctoritate concilii ordinata consistit in tribus virgatis terre et manso competente et in medietate totius altaragii. Et solvet vicarius sinodalia tantum prior autem hospicium archidiaconi procurabit.

BRAKKELE. Vicaria in ecclesia de Brackele que est abbatis et conventus Leircestr' auctoritate concilii ordinata consistit in tercia parte decime garbarum de Brackel' et de Halso et in medietate altaragiorum cum manso vicario assignato. Consistit eciam in duabus partibus decime garbarum de viij virgatis terre in campo de Eueul' et in decimis duarum virgatarum in parva Whitefeud cum curia Thome de Ermentiers et in decimis feni et molend'.

EVENLE. Vicaria in ecclesia de Euenl' que est prioris et conventus de Huntedon' auctoritate concilii ordinata consistit in omnibus obvencionibus decimis et oblacionibus ad illam ecclesiam pertinentibus preter decimas garbarum et feni et preter terras et decimas curie canonicorum Hunted' in eadem villa. Consistit eciam in decimis viij virgatarum terre in campo de Cherleton que spectant ad ipsam ecclesiam de Euenl' et in duodecim acris terre quas Ricardus fil' Matill' tenuit et in manso a parva porta ipsorum canonicorum que ducit ad ecclesiam usque ad portam septentrionalem eorundem. Sustinebit autem vicarius omnia onera ipsius ecclesie debita et consueta preter hospicium Archidiaconi quod canonici procurabunt.

MERSTON. Vicaria in ecclesia de Merston que est abbatis et conventus S. Ebrulfi exdudum ordinata consistit in altaragio ejusdem ecclesie et capellarum ad ipsam pertinencium et minutis decimis totius parochie et in tota decima garbarum de Wauerkeworth ad prefatam ecclesiam de Merston pertinente et in una virgata terre cum manso quem Rob' de Acrinton tenuit et in decimis garbarum de Middelton ad ecclesiam de Merston pertinentibus: salvis xx solidis annuis de eadem vicaria per manum vicarii ecclesie de Merston qui pro tempore fuerit prefatis abbati et conventui persolvendis. Si autem contingat predictos monachos apud Merston in propriis usibus instauramenta habere ipsi monachi a prācōne decimarum illorum instauramentorum erunt immunes. Et sustinebit vicarius omnia onera illius ecclesie debita et consueta.

SULEGRAVE. Vicaria in ecclesia de Sulegraua que prioris et conventus S. Andree Northampton' auctoritate concilii sic ordinata est. Vicarius habebit nomine vicarie sue totum altaragium et totam terram dominicam ecclesie si valeat unam marcam per annum: alioquin provideatur ei per Archidiaconum Northampton' usque ad valenciam unius marce annue : et solvet vicarius sinodalia, monachi vero hospicium Archidiaconi procurabunt.

NEUBOTLE. Vicaria in ecclesia de Neubotle que est prioris et conventus Dunestapll' exdudum ordinata consistit in toto altaragio cum minutis decimis et in mesuagio et crofta juxta cimiterium cum suis pertinenciis et solvet vicarius sinodalia tantum, Canonici autem cetera onera ipsius ecclesie debita et consueta sustinebunt. Jordanus autem vicarius institutus est salvo eo quod si dominus Episcopus per arctiorem inquisicionem possit inquirere vicariam predictam esse minus sufficientem constituet eam ampliorem secundum estimacionem totius beneficii et valet vicaria [blank].

CHAUCUMBE. Vicaria in ecclesia parrochiali de Chaucumb que est prioris et conventus ibidem auctoritate concilii sic est ordinata. [*Fo.* 11^b.] Vicarius habebit nomine vicarie sue sibi et clerico suo quem invenient necessaria victus in prioratu cum debita honestate et duas marcas pro stipendiis cum manso competente extra portam prioratus. Habebit eciam secundum legatum usque ad sex denarios et quod ultra fuerit ipsi canonici et vicarius dimidiabunt. Item habebit in quatuor principalibus festis anni oblaciones suas scilicet Natal' Domini iiij denarios die Pasche ijd. et utroque aliorum festorum id. et preterca id. cum corpus fuerit presens. Iidem vero canonici invenient vicario palefridum ad sinodum ad capitulam et ad infirmos cum fuerit necesse et sustinebunt omnia onera illius ecclesie.

PRESTON. Vicaria in ecclesia de Preston que est prioris et conventus Daventr' auctoritate concilii sic est ordinata. Vicarius habebit nomine vicarie sue totum altaragium et decimas valentes xxiijs. annuos per Archidiaconum assignandos in certo loco cum manso competente. Et habebit communam pasture quantum pertinet ad unam virgatam terre. Et monachi procurabunt hospicium Archidiaconi et vicarius solvet sinodalia.

KATTEBY. Vicaria in parrochiali ecclesia de Katteby que est monialium ibidem ordinata est sicut vicaria de Chaucumbe eo excepto quod hic sufficiunt vicario xv solidi pro stipendiis et preterea habebit vicarius obvenciones et confessiones in quadraginta.

STAVERTON. Vicaria in ecclesia de Staverton que est prioris et conventus de Daventr' ordinata in hunc modum. Vicarius habebit nomine vicarie sue totum altaragium illius ecclesie cum manso competente solvendo sinodalia et monachi procurabunt hospicium Archidiaconi et alia onera debita et consueta sustinebunt.

DAVENTRE. Vicaria in ecclesie parrochiali de Daventr' que est prioris et conventus ibidem auctoritate concilii in hunc modum ordinatur. Vicarius habebit nomine vicarie sue sibi et garcioni suo necessaria victus in prioratu cum debita honestate et unam marcam annuam pro stipendiis et secundum legatum suum usque ad vj denarios et quod ultra fuerit ipsi monachi et vicarius dimidiabunt. Habebit eciam omnes peticiones suas et denarios missales pro tota parrochia de Daventr' preter quam in Weleton cum manso competente extra portam prioratus. Ipsi vero monachi invenient vicario dicto diaconum et omnia onera illius ecclesie sustinebunt. Habebit autem vicarius capellanum socium in capella de Weleton continue per ipsum ministrantem qui quidem capellanus habebit iij marcas certo loco assignandas et peticiones et denarios suos missales et secundum legatum usque ad vj denarios in Weleton et quod ultra fuerit dicti monachi et capellanus dimidiabunt. Habebit eciam capellanus predictus omnes confessiones suas in eadem villa.

NORTHON. Vicaria in ecclesia de Northon que est eorundem auctoritate concilii ordinata consistit in toto altaragio cum minutis decimis ad ipsam ecclesiam pertinentibus et in decimis garbarum de feodo Sampsonis Northampton' in Moscot et in decimis garbarum Ivonis de Walern' in Northon'. Robertus vicarius institutus est salva ordinacione vicarie domino Episcopo si alias non fuerit per ipsum ordinata vel minus sufficiens reperiatur.

ASSEBY. Vicaria in ecclesia de Esseby que est prioris et conventus de Landa auctoritate concilii ordinata est in hunc modum. Vicarius habebit nomine vicarie sue totum altaragium et preterea decimas valentes j marc' videlicet terciam partem garbarum decime de dominicis J. de Cramford et Leodegar' de Dine et decimam unius virgate terre et dimidie quam R. de Harewedo tenet. Habebit eciam mansum quem dicti canonici habent ex dono Hugonis Leyr et solvet vicarius sinodalia tantum canonici vero cetera onera debita et consueta sustinebunt. Valet autem dicta vicaria v marc' et amplius.

DUDDEFORD. Vicaria in ecclesia de Doddeford que est prioris et conventus de Luffeld [*blank*].

WEDON. Vicaria in ecclesia de Wedon que est abbatis de Betto auctoritate concilii ordinata est in hunc modum. Vicarius habebit nomine vicarie sue totum altaragium cum manso preter primum legatum et habebit decimas garbarum xij virgatarum terre quas percipere consuevit: et solvet vicarius sinodalia tantum: monachi vero cetera omnia debita et consueta procurabunt.

[*Fo.* 12ª.]

FFALEUWESL' [ffaweslee*]. Vicaria in ecclesia de Faleuwesle que est prioris et conventus de Daventr' auctoritate concilii ordinata in hunc modum. Vicarius habebit nomine vicarie sue totum altaragium illius ecclesie et bladum quod dicitur Chirchesed et preterea decimas valentes dimidiam marcam certo loco assignandas cum manso prope ecclesiam ante portam Hugonis Russell. Vicarius vero solvet sinodalia tantum. Dicti autem monachi alia onera ordinaria debita et consueta sustinebunt.

* In a later hand.

MULETON. Vicaria in ecclesia de Muleton que est prioris et conventus S. Andree Northampton' exdudum ordinata consistit in omnibus ad ecclesiam ipsam pertinentibus preter decimam garbarum secundum tenorem carte dictorum monachorum nobis exhibite quam Benedictus vicarius institutus habet de eisdem.

GHILDEBURC. Vicaria in ecclesia de Ghildeburc que est hospitalariorum exdudum ordinata consistit in toto altaragio et dimidia virgata terre cum pertinenciis et cum manso competente nondum assignato : admissus autem Ricardus vicarius et institutus, ita quod per hoc nichil juris accrescat vel decrescat patronis in ecclesia memorata.

ESSEBY. Vicaria in ecclesia de Esseby que est monachorum de Daventr' auctoritate concilii ordinata consistit in porcionibus iiij marc' certis illi de eadem ecclesia per Archidiaconum loci assignandis cum manso competente : et solvet vicarius sinodalia, monachi autem omnia alia onera debita ot consueta sustinebunt.

WELLEFORD. Vicaria in ecclesia de Welleford que est abbatis et conventus de Suleby auctoritate concilii ordinata consistit in toto altaragio dicte ecclesie cum minutis decimis que valent viij marc' salvis dictis abbati et conventui iij marc' annuis de eadem : de oneribus nichil est ordinatum.

LILLEBURNE. Vicaria in ecclesia de Lilleburn que est abbatis et conventus Leircestr' auctoritate concilii ordinata consistit [blank].

WEST HADDON. Vicaria in ecclesia de West haddon que est monachorum de Daventr' auctoritate concilii ordinata consistit in toto altaragio cum manso competente et solvet vicarius sinodalia tantum. Monachi vero cetera onera debita et consueta sustinebunt.

DUSTON. Vicaria in ecclesia de Duston que est canonicorum S. Jacobi Northampton' auctoritate concilii ordinata consistit in toto altaragio cum manso competente et reddet inde vicarius unam marcam annuam canonicis antedictis. Habebit eciam idem vicarius totam capellam beate Margarete cum alio manso reddendo inde ij marcas eisdem canonicis annuatim in qua inveniet capellanum et solvet sinodalia. Canonici vero procurabunt hospicium Archidiaconi.

FFLORE. Vicaria in ecclesia de Flore que est prioris et conventus de Merton auctoritate concilii ordinata consistit in tota terra et quodam mesuagio ad prefatam ecclesiam pertinentibus et in toto altaragio et in tercia parte decimarum ad ipsam ecclesiam spectancium : de oneribus in ordinacione nichil.

WATFORD. Vicaria in ecclesia de Watford que est canonicorum S. Jacobi Northampton' auctoritate concilii ordinata consistit [blank].

PARVA BILLING. Vicaria in ecclesia de Parva Billing que est monachorum S. Andree Northampton' ordinata est sic. Vicarius habebit totam illam ecclesiam nomine vicarie sue reddendo inde monachis memoratis x solidos annuos secundum quod in matricula continetur. [Fo. 12ᵇ is blank.]

Lincoln'.

[*Fo.* 13ᵃ.]

WULFRIKEBY [*Worlaby**]. Vicaria in ecclesia de Wulfrikeb' que est abbatis et conventus de Thorenton consistit in toto altaragio excepta decima agnorum cum tofto assignando. Vicarius solvet tantum sinodalia annuatim et ipsi abbas et conventus de Thorenton procurabunt hospicium Archidiaconi et alia onera tam ordinaria quam extraordinaria in perpetuum sustinebunt et valet vicaria quinque marc'.

GRESSEBY. Vicaria in ecclesia de Gresseb' que est eorundem consistit in toto altaragio excepta decima agnorum cum tofto assignando et vicarius tantummodo annuatim solvet sinodalia et ipse abbas et conventus procurabunt hospicium Archidiaconi et alia onera tam ordinaria quam extraordinaria in perpetuum sustinebunt et valet vicaria quinque marc'.

BAREWA [*Barrow*]. Vicaria in ecclesia de Barew' que est corundem consistit in omnibus obvencionibus altaris, eciam in omnibus decimis excepta decima garbarum feni molendinorum et decima lane et agnorum quas decimas percipient Abbas et conventus. Consistit eciam in xxᵗⁱ solidis solvendis dicto vicario per abbatem in die S. Michaelis. Abbas eciam inveniet eidem mansum competentem et decimam feni eidem habere faciet de tribus croftis ad equum suum.

THORENTON. Vicaria in ecclesia de Thorenton que est eorundem consistit in omnibus oblacionibus altaris et in decimis lini et canab' cum tofto assignando. Habebit eciam vicarius secundum legatum et est tunc vicaria sex marc'. Vicarius solvet tantummodo sinodalia et abbas et conventus procurabunt hospicium Archidiaconi.

HULSEBY [*Ulceby*]. Vicaria in ecclesia de Hulseby que est eorundem consistit in toto altaragio cum tofto excepta decima lane. Vicarius solvet annuatim tantummodo sinodalia et predicti Abbas et conventus et prior et conventus de Wartre procurabunt hospicium Archidiaconi et alia onera tam ordinaria quam extraordinaria sustinebunt et est vicaria quinque marc'.

S. JACOBI, DEPINGES. Vicaria in ecclesia de Depinges S. Jacobi que est abbatis et conventus de Thorneya talis est. Vicarius habebit nomine vicarie sibi et diacono suo victum sicut duobus monachis morantibus in prioratu ejusdem loci et habebit foragium et preben-

---

* The modern names in this and the following Archdeaconry, when not obvious, are inserted in brackets.

dam racionabilem ad unum palefridum et habebit oblaciones ad v festa anni scilicet ad festum Omnium Sanctorum id. ad natal' iijd. ad pascham ijd. ad Pentecostem id. ad festum ecclesie id. pro corpore presenti id. pro sponsalibus id. Similiter habebit secundum legatum. Preterea ipse vicarius habebit duas marcas annuatim ad se vestiendum et abbas et conventus providebunt unum toftum extra prioratum et procurabunt hospicium archidiaconi et alia onera tam ordinaria quam extraordinaria sustinebunt.

OWRESBY. Vicaria in ecclesia de Owresby que est prioris de Cruce Roeis [blank].

ELLESHAM. Vicaria in ecclesia de Hellesham que est prioris et conventus ejusdem loci sic est ordinata. Vicarius habebit nomine vicarie corredium duorum canonicorum sibi et decano suo ad mensam prioris et habebit duas marcas annuas ad vestitum suum. Habebit eciam secundum legatum et oblaciones constitutas ut continetur in ordinacione vicarie de Depinges S. Jacobi. Palefridus autem vicarii erit ad forragium dictorum prioris et conventus et ad prebendam eorundem quando ad capitulum et in eorundem prioris et conventus negocia proficiscitur. Et ipsi prior et conventus providebunt vicario de tofto et procurabunt hospicium Archidiaconi et alia onera tam ordinaria quam extraordinaria sustinebunt.

KIRKEBY. Vicaria in ecclesia de Kirkeby que est prioris et conventus de Hellesham consistit in toto altaragio exceptis decimis lane et medietate agnorum totius parochie que ipsi prior et conventus integre percipient in perpetuum. Vicarius autem inveniet capellanum qui ministrabit in ecclesia de Osolfby sub eadem convencione qua convenit inter dictos priorem et conventum et parochianos de Osolfby, videlicet quod parochiani predicti solvent singulis annis pro cantaria habenda in dicta capella de Osolfby sex summas p^{a}e siliginis et unam summam p^{a}e avene infra xv dies post festum S. Michaelis et invenient capellano ibidem ministranti competentem domum, nisi hospitari possit infra Osolfby. Iidem eciam parochiani affidaverunt quod hanc convencionem fideliter in perpetuum tenebunt tali condicione quod si aliquo tempore a solucione dicti bladi cessaverint extunc capellanum ibidem ministrantem non habebunt sed matricem ecclesiam S. Andree de Kirkeby in perpetuum sequantur tam ad missarum sollempnia quam ad cetera jura ecclesie prout continetur in cyrographo inter priorem et conventum de Hellesham et dictos parochianos de Osolfby confacto. Vicarius habebit toftum quod fuit [Fo. 13^b] Aceri ex parte boreali ecclesie de Kirkeby et solvet tantummodo synodalia et ipse prior et conventus procurabunt hospicium Archidiaconi et cetera onera sustinebunt.

HUMBERSTEYN. Vicaria in ecclesia de Humb'stein que est abbatis et conventus de Humberstein sic est ordinata. Habebit vicarius nomine vicarie omnia ut vicarius de Ellesham et memorandum quod vicarius debet percipere duas marcas ad vestitum suum de oblacionibus de quatuor principalibus festis anni et abbas et conventus providebunt vicario de tofto et procurabunt hospicium Archidiaconi et alia onera tam ordinaria quam extraordinaria sustinebunt.

HOUTONA. [*Holton-le-Clay.*] Vicaria in ecclesia de Houton que est eorundem consistit in toto altaragio cum tofto assignando et in duobus quartariis frumenti paccabilis percipiendis in festo S. Martini de predictis Abbate et conventu de Humberstain. Et vicarius tantum solvet synodalia et ipse abbas et conventus procurabunt hospicium Archidiaconi et cetera onera in perpetuum sustinebunt et est tunc vicaria v marc'.

WATHE. [*Waith.*] Vicaria in ecclesia de Wathe que est eorundem consistit in toto altaragio cum tofto assignando et in decimis garbarum totius culture que vocatur Croft ex orientali parte ecclesie de Wathe que cultura continet xxx acras et cum decima garbarum omnium toftorum totius ville et in uno quart' frumenti paccabilis percipiendo in festo S. Martini. Et vicarius solvet tantummodo synodalia et ipse abbas et conventus cetera onera in perpetuum sustinebunt et est vicaria lx sol'.

S. JACOBI, GRIMESBY. Vicaria in ecclesia S. Jacobi de Grimesby que est abbatis et conventus de Grimesby consistit in apportu panis et cervisie et in decimis vaccarum vitulorum agnorum et lane et lini secundum inquisicionem aucarum pullorum et ovorum et in tercia parte omnium oblacionum et in dimidia marca secundum R. abbatem annuatim percipienda de ciragio ecclesie. Et vicarius habebit capellanum socium et inveniet diaconum et solvet tantummodo synodalia et ipsi Abbas et conventus de Grimesby procurabunt hospicium Archidiaconi et omnia alia onera tam ordinaria quam extraordinaria sustinebunt et est vicaria x marc'.

CLE. [*Clee.*] Vicaria in ecclesia de Cle que est eorundem consistit in oblacionibus Natal' Purificacion' Beate Marie Pasch' Sancte Trinit' dedicacionis ecclesie assumpcionis Beate Marie Omnium Sanctorum et Beati Thome Martyris. Item in lino caseo butyro et in decimis vaccarum vitulorum pullorum aucarum gallinarum ovorum et in apportu altaris panis et cervisie. Et vicarius solvet tantummodo synodalia. Et dicti abbas et conventus procurabunt hospicium Archidiaconi et sustinebunt omnia alia onera tam ordinaria quam extraordinaria. Similiter providebunt vicario de tofto et est tunc vicaria v marc' preter panem et cervisiam.

TETTEN'. [*Tetney.*] Vicaria in ecclesia de Tetten' que est eorundem consistit in toto altaragio excepta lana et in apportu panis et cervisie ad altare proveniencium cum tofto competenti per eosdem abbatem et conventum assignando vicario et tunc valebit ipsa vicaria quinque marc' et vicarius solvet tantummodo synodalia et abbas et conventus procurabunt hospicium archidiaconi et alia onera omnia tam ordinaria quam extraordinaria sustinebunt.

VPTUN. [*Upton.*] Vicaria in ecclesia de Vptun que est monialium de Hagening consistit &c., ut irrotulatur in archidiaconatu Stow'.

CUKEWALD. [*Cuxwold.*] Vicaria in ecclesia de Cukewald que est Monialium de Cotun* consistit in toto altaragio excepto lino et ipsi magister et conventus providebunt vicario de tofto et procurabunt hospicium Archidiaconi et omnia alia onera tam ordinaria quam extraordinaria sustinebunt preter sinodalia que tantummodo solvet vicarius annuatim.

BURG. Vicaria in ecclesia de Burg que est earundem consistit in toto altaragio excepta decima agnorum et lane et ipsi magister et conventus providebunt vicario de tofto et procurabunt hospicium archidiaconi et omnia alia onera tam ordinaria quam extraordinaria sustinebunt preter synodalia que vicarius tantummodo solvet et est vicaria sexaginta solidorum.

CROXTON. Vicaria in ecclesia de Croxton cujus medietas est dictarum monialium [*blank*].

KELEBY. [*Keelby.*] Vicaria in ecclesia de Keleby cujus medietas est dictarum monialium [*blank*].

BYKERE. [*Bicker.*] Vicaria in ecclesia de Bikere que est prioris et conventus de Buttele consistit in toto altaragio reddendo inde annuatim duos solidos predictis priori et conventui de Buttele et ipsi prior et conventus providebunt vicario mansum competentem et procurabunt hospicium Archidiaconi et sustinebunt omnia alia onera tam ordinaria quam extraordinaria preter synodalia que tantummodo vicarius solvet annuatim. Et est vicaria centum solidorum.

YMINGEHAM. [*Immingham.*] Vicaria in ecclesia de Ymingeham que est priorisse et conventus de Appelton consistit in toto altaragio exceptis tribus partibus decime lane ipsis monialibus de Appelton. Vicarius autem habebit toftum quod vocatur [*fo.* 14ª] P'sonescroft

---

* Nun Cotham in the parish of Keelby.

et solvet tantummodo synodalia et ipse moniales procurabunt hospicium archidiaconi et sustinebunt omnia alia onera tam ordinaria quam extraordinaria.

NORTHELKYNTON. [*North Elkington.*] Vicaria in ecclesia de Northelkinton que est earumdem consistit in toto altaragio et in quarta garba decim' totius ville cum decime collecte fuerint et priorissa et conventus procurabunt hospicium archidiaconi et omnia alia onera sustinebunt preter synodalia que vicarius tantummodo solvet annuatim.

BONDEBY. [*Bonby.*] Vicaria in ecclesia de Bondeby que est prioris et conventus de Sancto Fromn'do consistit in toto altaragio cum decimis croftorum et toftorum totius ejusdem ville et valet tunc vicaria v marc' et ipse prior et conventus procurabunt hospicium archidiaconi et omnia alia onera sustinebunt preter synodalia que vicarius tantummodo solvet annuatim.

STIKESWALD. [*Stixwold.*] Vicaria in ecclesia de Stikeswald que est monialium de Stikeswald sic est ordinata. Vicarius erit ad mensam magistri ut vicarius secularis et habebit annuatim de dictis magistro et conventu xx solidos ad vestitum suum. Et ipsi magister et conventus procurabunt hospicium archidiaconi et solvent sinodalia et cetera onera omnia tam ordinaria quam extraordinaria sustinebunt.

HUNDELBY. [*Hundleby.*] Vicaria in ecclesia de Hundleb' que est earumdem consistit in toto altaragio cum tofto quod Radulfus de Wima tenuit et in decimis garbarum Hameletti de Spillesby cum v sellionibus terre ad dictam ecclesiam pertinentibus. Et vicarius solvet tantummodo synodalia et ipsi magister et conventus procurabunt hospicium archidiaconi et omnia alia onera sustinebunt. Et est vicaria v marcarum.

HUNDINTON. [*Honington.*] Vicaria in ecclesia de Hundinton que est earumdem consistit in toto altaragio et in decimis ortorum quocunque grane bladi dicti orti sint seriati et in decimis trium bovatarum terre quas Willielmus fil' Haward Siward fil' Bac' et Johannes fil' Bacer' tenent in eadem villa. Habebit eciam dictus vicarius toftum quod fuit Willielmi fil' Supplicii et ipse vicarius solvet tantummodo synodalia. Et ipsi magister et conventus de Stikeswald procurabunt hospicium archidiaconi et omnia alia onera tam ordinaria quam extraordinaria sustinebunt et est tunc vicaria v marcarum.

LAVINTON. [*Lenton.*] Vicaria in ecclesia de Lavinton que est earundem consistit in toto altaragio tam ecclesie quam capellarum ad ecclesiam eandem pertinencium et in decimis garbarum totius proprii dominici Radulfi Ridel in Kiseby. Et vicarius habebit capellanum socium et solvet tantummodo synodalia et ipsi magister et conventus procurabunt hospicium archidiaconi et providebunt vicario de tofto et omnia alia onera sustinebunt et est tunc vicaria x marcarum.

THORP. Vicaria in ecclesia de Thorp que est earumdem consistit in toto altaragio et in decimis garbarum totius dominici Roberti Basewin in eadem villa preter illas terras quas predicti magister et conventus habent de dicto dominico tempore hujus assignacionis et in decimis garbarum duarum bovatarum terre et dimidie Alani Kybel in eadem villa de Thorp. Et vicarius solvet tantummodo sinodalia et ipse magister et conventus providebunt vicario de tofto et procurabunt hospicium archidiaconi et omnia alia onera sustinebunt et est vicaria tunc v marcarum.

SWYNHAMSTED. [*Swinstead.*] Vicaria in ecclesia de Swinhamsted que est prioris et conventus de Drax consistit in medietate totius ecclesie cum tofto et predicti prior et conventus ac vicarius procurabunt communiter hospicium archidiaconi et communiter solvent sinodalia et alia onera communiter sustinebunt. Et est vicaria sex marcarum et dimidie. Aliter habetur infra in v^{to} folio.*

* This refers to Folio 18b. of the present pagination.

COREBY. [*Corby.*] Vicaria in ecclesia de Corby que est magistri et conventus S. Michaelis Stanford' et persone none partis ejusdem consistit in toto altaragio sex partium cum tofto quod est in cimiterio versus aquilonem. Et vicarius secundum porcionem suam solvet tantummodo synodalia et predicte moniales una cum participibus suis in eadem ecclesia procurabunt hospicium archidiaconi et omnia alia onera sustinebunt.

OMNIUM SS. STANFORD.' Vicaria in ecclesia Omnium Sanctorum ultra arx^a que est earumdem consistit in toto altaragio reddendo inde annuatim dictis monialibus unam marcam argenti et vicarius tantummodo solvet sinodalia et ipse moniales procurabunt hospicium archidiaconi et omnia alia onera sustinebunt. Et est vicaria trium marcarum et dimidie.

S. MARTINI, STANFORD.' Vicaria in ecclesia S. Martini que est earumdem consistit in toto altaragio dicte ecclesie reddendo inde annuatim dictis monialibus duas marcas. Ita tamen quod si capella de Burghele in eadem parochia sita divinum officium habere debeat dicte moniales onus illius capelle sustinebunt. Vicarius autem solvet tantummodo synodalia et dicte moniales procurabunt hospicium archidiaconi et cetera onera omnia sustinebunt.

THURLEBY. Vicaria in ecclesia de Thurleby que est earumdem [*blank*].

WRANGLE. Vicaria in ecclesia de Wrangle que est abbatis et conventus de Waltham consistit in toto altaragio cum quodam tofto assignato vicario in Kirketon reddendo inde annuatim dictis abbati et conventui C solidos scilicet ad festum S. Botulfi L solidos et ad festum S. Martini L solidos. Et vicarius solvet tantummodo synodalia et ipsi abbas et conventus procurabunt hospicium archidiaconi et omnia alia onera sustinebunt. Et est vicaria x marcarum.

MARKEBY. Vicaria in ecclesia de Markeby que est prioris et conventus de Markeby sic est ordinata. Vicarius erit ad mensam prioris et conventus ut vicarius secularis et percipiet annuatim de dictis priore et conventu unam marcam ad vestitum suum et ipsi prior et conventus invenient clericum et solvent synodalia [*fo.* 14ᵇ] et hospicium archidiaconi procurabunt et cetera onera sustinebunt.

CROFTE ALIAS HOTOFTE.* Vicaria in ecclesia de Croft que est eorundem consistit in omnibus oblacionibus altaris in ciragio in decimis lini et canabi vitulorum et pullorum et est tunc vicaria vj marc' et vicarius solvet tantummodo synodalia et ipsi prior et conventus procurabunt hospicium archidiaconi et omnia alia onera sustinebunt.

* Apparently Huttoft, Croft being entered on the next folio.

BILLESBY. Vicaria in ecclesia de Billesby que est eorundem consistit in toto altaragio cum tofto quod pertinet ad ecclesiam et quod fuit prius capellani ibidem ministrantis et vicarius percipiet de dictis priore et conventu annuatim in festo S. Martini unam summam frumenti competentis et unam summa fabar' et unam summam avene. Et vicarius solvet tantummodo synodalia. Et ipsi prior et conventus procurabunt hospicium archidiaconi et cetera onera sustinebunt. Et est vicaria iiij marc'.

STEYNFELD. [*Stainfield.*] Vicarie in ecclesia de Steinfeld que est magistri et conventus de Steinfeld sic est ordinata. Vicarius erit ad mensam magistri ut vicarius secularis et clericus ejus similiter et ipse vicarius percipiet annuatim de dictis magistro et conventu xx sol' ad vestitum suum et ipsi magister et conventus procurabunt hospicium Archidiaconi et cetera onera tam ordinaria quam extraordinaria sustinebunt.

MARTONA. Vicaria in ecclesia de Marton' que est earumdem consistit in toto altaragio et in redditu dimidie marce assiso quem redditum Hugo de Hospitali reddit annuatim et in decimis garbarum octo bovatarum terre in eadem villa quas bovatas terre isti subscripti tenent: Hugo de Hospitali tenet duas bovatas et dimidiam, Thomas de Wielhorn dimidiam bovatam, Viel filius Rogeri unam bovatam, Thomas filius Aluredi et Beatrix soror ejus duas bovatas, Galfridus filius Osberti unam bovatam, Rogerus Palmer dimidiam bovatam, Walterus Carpenter dimidiam bovatam. Habebit autem vicarius toftum proximum dicte ecclesie versus aquilonem quod Osbertus Cok tenet et ipse vicarius solvet annuatim tantummodo synodalia et ipsi magister et conventus procurabunt hospicium Archidiaconi et cetera onera sustinebunt. Et est vicaria iiij marcarum et dimidie.

APPELE. [*Apley.*] Vicaria in ecclesia de Appele que est earumdem consistit in altaragio et in decimis octo bovatarum terre que nondum fuerunt assignate et ipsis viij bovatis assignatis erit vicaria quatuor marcarum.

MADEWELL. Vicaria in ecclesia de Madewelle que est earumdem consistit in toto altaragio cum tofto assignando. Et vicarius solvet tantummodo synodalia et ipsi magister et conventus procurabunt hospicium archidiaconi et omnia alia onera sustinebunt. Et est vicaria tunc quinque marcarum.

WADINGEWORTH. Vicaria in ecclesia de Wadingeworth que est earumdem consistit in toto altaragio cum terra et domibus ad dictam ecclesiam pertinentibus. Et vicarius solvet tantummodo synodalia et ipsi magister et conventus procurabunt hospicium archidiaconi et cetera onera sustinebunt. Et valet vicaria iij^{es}. marc' et dimid'.

FFRESTONA. Vicaria in ecclesia de Freston que est prioris et conventus de Freston sic est ordinata. Vicarius erit ad mensam eorum una cum clerico suo ut vicarius secularis. Et ipse vicarius habebit annuatim duas marcas ad vestitum suum et habebit oblaciones ad v festa anni scilicet ad festum Omnium Sanctorum jd. ad Natale Domini iijd. ad pascham ijd. ad pentecosten jd. ad festum ecclesie jd. pro corpore presenti jd. pro sponsalibus jd. Habebit eciam dictus vicarius secundum legatum. Habebit eciam palefridum ad forragium dictorum prioris et conventus et ad prebendam eorum racionabilem. Et ipsi prior et conventus solvent synodalia et hospicium archidiaconi procurabunt et cetera onera sustinebunt.

BUTREWYKE. Vicaria in ecclesia de Buterwik que est eorumdem consistit in toto altaragio cum tofto pertinente ad ecclesiam et in redditu quadraginta denariorum antiquitus collato ad luminaria reperienda in dicta(?) ecclesia. Et vicarius solvet tantummodo synodalia et prior et conventus procurabunt hospicium archidiaconi et omnia alia onera sustinebunt. Et est vicaria iiij marcarum et xl denariorum et eo amplius.

CLAXEBY. Vicaria in ecclesia de Claxeby que est eorumdem consistit in toto altaragio cum tofto et terra ad ecclesiam pertinentibus versus aquilonem et in decimis garbarum dominii Ysabelle uxoris Bald'ici de Brendale vel in decimis dicti dominici quicunque dictum dominicum tenuerit vel possederit. Et est vicaria v marcarum.

BURTON. Vicaria in ecclesia de Burthon que est eorumdem consistit in toto altaragio cum tofto quod fuit Thoraldi parmetarii usque orientalem partem ecclesie cum quatuor acris terre arabilis pertinentibus ad ecclesiam et in decimis garbarum totius dominii prioris et conventus de Freston in eadem villa. Et vicarius annuatim solvet tantummodo synodalia et ipsi prior et conventus procurabunt hospicium Archidiaconi et omnia alia onera in perpetuum sustinebunt. Petrus de Mintinges per multum tempus fuit in possessione tanquam vicarius. Et est vicaria v marcarum.

LEKEBURN [*Legburn*]. Vicaria in ecclesia de Lekeburn cujus medietas est magistri et monialium de Lekeburn [*blank*].

SALTFLADEBY [*Saltfleetby*]. Vicaria in ecclesia de Salfladeby cujus medietas est earumdem [*blank*].

[*Fo.* 15ᵃ].

HALLINTON. Vicaria in ecclesia de Hallinton cujus medietas est de advocacione earumdem consistit in toto altaragio cum tofto assignando. Et vicarius annuatim solvet tantummodo synodalia et magister et conventus de Lekeburn procurabunt hospicium Archidiaconi et cetera onera in perpetuum sustinebunt. Et est vicaria iiij marcarum.

FARLESTORP. Vicaria in ecclesia de Farlestorp que est earumdem consistit in toto altaragio cum tota terra et prato pertinentibus ad ecclesiam et cum medietate decime feni dominii Willielmi de Farlestorp in Farlestorp et in Otoft cum tofto et manso pertinentibus ad dictam ecclesiam de Farlestorp excepta grangia cum libero introitu et exitu. Que grangia in perpetuum remanebit dictis magistro et conventui de Lekeburn ad bladum suum reponendum. Et vicarius solvet tantummodo synodalia. Et ipsi magister et conventus procurabunt hospicium Archidiaconi et cetera onera in perpetuum sustinebunt. Et est vicaria iiij marcarum.

SUMERCOTES. Vicaria in ecclesia de Sumercotes S. Marie consistit in toto altaragio cum crofto assignando salvis dictis magistro et conventui butiro et caseo. Et vicarius tantummodo solvet synodalia et ipsi magister et conventus procurabunt hospicium Archidiaconi et cetera onera sustinebunt. Et est vicaria v marcarum.

RISTON. Vicaria in ecclesia de Riston que est prioris et conventus de Torkes' [blank].

RICHEBROC. Vicaria in ecclesia de Richebroc que est abbatis et conventus de Thorre [blank].

BUREWELL. Vicaria in ecclesia de Burewell que est eorumdem [blank].

CHALESBY [Calceby]. Vicaria in ecclesia de Chalesby que est prioris et conventus de Kyma consistit in toto altaragio cum medietate tofti ad ecclesiam pertinentis et in decimis molendini ex occidentali parte curie domini Philippi de Kyma et in quinque acris prati spectantibus ad eandem ecclesiam in pratis de Otoft et in duabus partibus decimarum bladi de dominio dicti Philippi de Kyma. Et vicarius solvet tantummodo synodalia et ipsi prior et conventus procurabunt hospicium Archidiaconi et cetera onera sustinebunt. Et est vicaria v marcarum.

CROFT. Vicaria in ecclesia de Croft que est eorundem consistit in toto altaragio cum tofto versus occidentalem partem ecclesie, salvis dictis priori et conventui butiro et caseo: et vicarius solvet tantummodo synodalia et ipsi prior et conventus procurabunt hospicium Archidiaconi et omnia alia onera sustinebunt. Et est vicaria vj marcarum.

THORP. Vicaria in ecclesia de Thorp que est eorundem consistit in toto altaragio cum tofto assignando salvis (sic) priori et conventui medietate butiri et casei et vicarius solvet tantummodo synodalia et ipsi prior et conventus procurabunt hospicium Archidiaconi et omnia alia onera sustinebunt. Et est vicaria v marcarum.

SWAREBY. Vicaria in ecclesia de Swareby que est eorundem consistit in toto altaragio cum tofto assignando et in decimis garbarum de terris quas Radulfus de Stikewald in eadem parochia excolit de dominio ipsius Radulfi que decime apprecientur ij marc'. Et vicarius solvet tantummodo synodalia et ipsi prior et conventus procurabunt hospicium Archidiaconi et omnia alia onera sustinebunt. Et est vicaria tunc v marcarum.

METHERINGEHAM. Vicaria in ecclesia de Metheringeham que est eorundem consistit in toto altaragio cum tofto assignando. Et vicarius solvet tantummodo synodalia et ipsi prior et conventus procurabunt hospicium Archidiaconi et omnia alia onera sustinebunt. Et est vicaria sex marcarum.

OSBERNEBY. Vicaria in ecclesia de Oseberneby que est eorundem consistit in toto altaragio cum terra et domibus ad dictam ecclesiam pertinentibus. Et vicarius solvet tantummodo synodalia et ipsi prior et conventus procurabunt hospicium Archidiaconi et cetera onera tam ordinaria quam extraordinaria sustinebunt. Et est vicaria v marcarum.

ORRESBY. Vicaria in ecclesia de Orresby que est prioris et conventus de Thornholm consistit in toto altaragio cum medietate tofti et terra pertinentibus ad eandem ecclesiam. Et vicarius solvet tantummodo synodalia et ipsi prior et conventus procurabunt hospicium Archidiaconi et cetera onera omnia sustinebunt. Et est vicaria v marcarum.

FFERIBY. Vicaria in ecclesia de Feriby cujus medietas est eorundem [blank].

CADENEY. Vicaria in ecclesia de Cadden' que est eorundem antiquitus est ordinata.

GREINEFFELD. Vicaria in ecclesia de Greineffeld que est magistri et conventus de Greineffeld consistit in toto altaragio et in decimis bladi totius terre [fo. 15ᵇ] ecclesie. Et preterea vicarius recipiet annuatim per manus dictorum magistri et conventus in festo S. Martini unum quart' frumenti paccabilis, unum quart' ordei paccabilis, unum quart' avene paccabilis. Et est vicaria tunc unius marce: et dicti magister et conventus procurabunt hospicium Archidiaconi, et cetera onera tam ordinaria quam extraordinaria sustinebunt. Et providebunt vicario de tofto.

ABY. Vicaria in ecclesia de Aby que est eorundem [ubi ordinacio ejusdem vicarie sic nescitur quia forte ab antiquo fuit ordinata: in augmentacionibus tamen per brevem Roberti factis sic invenitur scriptum:—ad vicariam de Aby addatur decima feni que estimatur xs. Et vicarius solvet sinodalia.*]

* The portion in brackets is in a later hand.

HAULTEBARGE. Vicaria in ecclesia de Haultebarge que est prioris et conventus de Spaldinges &c. [ut irrotulatur in Archidiaconatu Stow'.]

WILEGHETON. Vicaria in ecclesia de Wilegheton cujus medietas est eorundem &c. [ut irrotulatur in Archidiaconatu Stow'.]

HAGH [*Haugh*]. Vicaria in ecclesia de Hagh que est prioris de Hagh consistit in toto altaragio, exceptis decimis agnorum, lane, primo legato, et excepto redditu sex solidorum de una bovata terre et uno prato pertinentibus ad altaragium : et est tunc vicaria vij marcarum. Et prior procurabunt hospicium Archidiaconi, et cetera onera tam ordinaria quam extraordinaria sustinebunt, et providebunt vicario de tofto.

SWINDERBY. Vicaria in ecclesia de Swinderby que est Templariorum consistit in toto altaragio et in quodam tofto ubi persona antiquitus manere solevit et in decimis garbarum unius bovate terre et dimidie quas Wioth et Galfridus fil' Hugonis Palmerii tenent in eadem villa. Et Templarii procurabunt hospicium Archidiaconi et omnia alia onera tam ordinaria quam extraordinaria sustinebunt preter synodalia que solummodo vicarius solvet annuatim. Et est vicaria lx solidorum.

AICLE [*Eagle*]. Vicaria in ecclesia de Aicle que est eorundem consistit in toto altaragio et in quodam tofto ad eandem ecclesiam pertinente et Templarii procurabunt hospicium Archidiaconi et omnia alia onera sustinebunt preter synodalia que vicarius tantummodo solvet annuatim. Et est vicaria v marcarum.

ESSEBY [*alias Asshby juxta Beveram**]. Vicaria in ecclesia de Esseby que est eorundem sic est ordinata. Willielmus de Oustorp capellanus et vicarius habebit et tenebit totum altaragium in vita sua cum tofto reddendo annuatim predictis magistro et fratribus duas marcas argenti. Post obitum vero dicti Willielmi successores ipsius tenebunt nomine vicarie totum altaragium cum predicto tofto ita quod nichil inde reddent: et Templarii procurabunt hospicium Archidiaconi et sustinebunt cetera onera tam ordinaria quam extraordinaria tam tempore dicti Willielmi quam successorum ipsius preter synodalia que ipse Willielmus et successores sui solvent tantummodo annuatim in perpetuum. Et erit vicaria v marcarum.

* In a later hand.

ROUESTON [*Rowston*]. Vicaria in ecclesia de Roueston que est eorundem scilicet in tribus partibus et magister Willielmus de Brancewell est rector quarte partis. Consistit igitur vicaria in altaragio totius ecclesie et in decimis garbarum de tribus bovatis terre de dominio Galfridi fil' Eme in eadem villa ex parte scilicet dictorum Templariorum et in decimis garbarum unius bovate terre ex parte dicti Magistri W. de Brancewell. Vicarius autem solvet annuatim tantummodo synodalia et predicti fratres et Magister W. de Brancewell proporcionaliter procurabunt hospicium archidiaconi et cetera onera tam ordinaria quam extraordinaria in perpetuum sustinebunt. Et est vicaria lx solidorum.

GOLKESBY [*Goulceby*]. Vicaria in ecclesia de Golkesby consistit in toto altaragio et in decimis garbarum trium bovatarum terre de feodo Nicholai de Catedal' in eadem villa: et Templarii procurabunt hospicium Archidiaconi et cetera onera tam ordinaria quam extraordinaria sustinebunt preter synodalia que vicarius tantummodo solvet annuatim, et providebunt vicario de tofto. Et est tunc vicaria lx solidorum.

WILEGETON. Vicaria in ecclesia de Wilegeton cujus medietas est eorundem &c. Ut irrotulatur in Archidiaconatu Stow'.

KIRKEBY. Vicaria in ecclesia de Kirkeby que est prioris et prioris et conventus de Turgarton consistit in toto altaragio cum tofto assignando et in decimis garbarum triginta et unius bovatarum terre eodem modo quo Augustinus tenuit in vita sua et predicti prior et conventus procurabunt hospicium archidiaconi et cetera onera sustinebunt preter synodalia que vicarius solvet tantummodo annuatim.

SCAPEWIK. Vicaria in ecclesia de Scapwic que est eorundem consistit in toto altaragio cum tofto proximo tofto Mathei clerici versus austrum et in una marca in certa porcione assignanda: et ipsi prior et conventus procurabunt hospicium archidiaconi et cetera onera sustinebunt preter synodalia que vicarius solvet tantummodo annuatim. Et est vicaria v marcarum.

TIMBERLUND. Vicaria in ecclesia de Timberlund que est eorundem consistit in tercia parte totius ecclesie et sustinebit omnia onera. Et est vicaria sex marcarum et eo amplius.

BARTHONA. Vicaria in ecclesia de Barthon' que est abbatis et conventus de Bardenay consistit in toto altaragio reddendo inde annuatim quatuor marcas argenti dictis abbati et conventui. Et vicarius habebit capellanum [*fo.* 16ª] socium et solvet annuatim tantummodo synodalia, et ipsi abbas et conventus procurabunt hospicium archidiaconi et cetera onera sustinebunt. Et est vicaria vj marcarum et eo amplius.

SKENDELBY. Vicaria in ecclesia de Skendelby que est eorundem consistit in omnibus oblacionibus altaris et in tota terra dominica ipsius ecclesie et in decima totius lane et omnium agnorum ad eandem ecclesiam proveniencium. Debet autem vicarius omnia onera episcopalia illius ecclesie debita et consueta sustinere preter hospicium archidiaconi quod dicti abbas et conventus procurabunt.

ROWORBY [*alias* **ROUOEBY** (?)*]. Vicaria in ecclesia de Roworby que est prioris et conventus de Schelford consistit in toto altaragio medietatis cum competenti manso assignando excepta terra ad ecclesiam pertinente. Reddendo inde annuatim dictis priori et conventui de Schelford xx solidos scilicet ad pascham x sol' et ad festum S. Michaelis x sol'. Et ipsi prior et conventus procurabunt hospicium Archidiaconi et omnia alia onera sustinebunt preter synodalia que vicarius solvet tantummodo annuatim. Et est vicaria v marcarum.

* In a later hand.

LEUESINGEHAM [*Leasingham*]. Vicaria in medietate ecclesie de Leuesingeham que est eorundem consistit in omnibus minutis decimis et obvencionibus altaris et decimis feni dicte medietatis et in duabus bovatis terre sine manso, et solvet vicarius synodalia tantum: dicti autem prior et conventus omnimoda alia onera medietatem ipsam contingencia sustinebunt. Et valet vicaria v marc', pars prioris septem.

SEMPINGEHAM. Vicaria in ecclesia de Sempingeham que est magistri et conventus de Sempingeham sic est ordinata. Vicarius habebit nomine vicarie undecim quartaria frumenti paccabilis ad terminos racionabiliter statuendos et habebit duos panes serviencium singulis diebus per annum ad opus garcionis sui. Similiter habebit in die Omnium Sanctorum jd., Die Natal' Domini iijd., Die Pasche ijd., Die festi ecclesie jd. Habebit eciam secundum legatum suum et pro corpore presenti jd., pro sponsalibus jd. Habebit eciam xv solidos argenti ad duos terminos. Prior autem inveniet vicario equum, quotienscunque iturus est ad capitulum et ad synodum sive ad cetera negocia ecclesie vocetur. Et prior et conventus providebunt vicario de tofto competenti. Et procurabunt hospicium Archidiaconi et cetera onera tam ordinaria quam extraordinaria in perpetuum sustinebunt. Et est vicaria lx solidorum.

BARTHORP. Vicaria in ecclesia de Barthorp que est eorundem consistit in toto altaragio preter linum cum tofto in quo capellanus manet. Et habebit de dictis priore et conventu dimidiam marcam. Et ipse prior et conventus procurabunt hospicium Archidiaconi et cetera onera tam ordinaria quam extraordinaria sustinebunt. Et est vicaria iiij marcarum.

BILLINGEBURG. Vicaria in ecclesia de Billingeburg sic est ordinata. Vicarius habebit totum altaragium et totam terram ad eandem ecclesiam pertinentem cum domibus et aliis pertinenciis omnibus et libertatibus suis in pratis pascuis et in pasturis et turbariis: et faciet residenciam in eadem ecclesia in propria persona et in officio sacerdotali ministrabit. Moniales vero de Sempingeham percipient integre decimas garbarum, solvent synodalia, et procurabunt hospicium Archidiaconi, et omnia alia onera ecclesie sustinebunt. Valet autem tota ecclesia xiiij marc.' Vicaria v marc' et dimid.' Et est ordinata per Magistrum Reginaldum de Cestr' tunc officialem.

KIRKEBY. Vicaria in ecclesia de Kirkeby S. Petri que est eorundem consistit in toto altaragio preter linum, solvendo inde annuatim domui de Sempringeham decem solidos: et ipse prior et conventus procurabunt hospicium Archidiaconi et cetera onera tam ordinaria quam extraordinaria in perpetuum sustinebunt, et providebunt vicario de tofto. Et est vicaria iiij marcarum.

ANECASTR.' Vicaria in ecclesia de Anecastr' que est prioris et conventus de Mealton consistit in toto altaragio cum tofto assignando, solvendo annuatim domui de Mealton xx solidos: et ipsi prior et conventus procurabunt hospicium Archidiaconi et cetera onera tam ordinaria quam extraordinaria sustinebunt in perpetuum. Et est vicaria v marcarum.

BILLINGEHE. Vicaria in ecclesia de Billingehe que est prioris et conventus de Cattele consistit in toto altaragio cum tofto assignando preter linum et primum legatum: et ipsi prior et conventus procurabunt hospicium Archidiaconi et cetera onera tam ordinaria quam extraordinaria in perpetuum sustinebunt. Et est vicaria fere quinque marcarum.

DIGGEBY. Vicaria in ecclesia de Diggeby que est eorundem consistit in toto altaragio preter linum et primum legatum: et ipsi prior et conventus procurabunt hospicium Archidiaconi et cetera onera in perpetuum sustinebunt. Et est vicaria iiij marcarum.

[*Fo.* 16ᵇ].

AMEWIC [*Quarta ordinacio est in quaterno . . . de tempore Episcopi Hugonis**]. Vicaria in quinque partibus ecclesie de Amewic que est eorundem per Magistrum Reg. de Cestr' tunc officialem sic est ordinata. Vicarius habebit quinque partes altaragii et decimam garbarum totius dominici ejusdem ville et decimam unius bovate terre quam Fulco tenuit et totam terram spectantem ad illas quinque partes cum turbariis et omnibus aliis pertinenciis et libertatibus suis. Prior autem et conventus onus reparacionis librorum vestimentorum et cancelli et alia onera omnia sustinebunt preter synodalia que tantum vicarius solvet.

* In the margin in a contemporary hand.

DIRRINTON. Vicaria in ecclesia de Dirrinton que est priorum et conventuum de Hauerholm et Schelford sic est ordinata. Vicarius habebit ex parte de Hauerholm et ex parte de Schelford totum altaragium preter medietatem lini ex parte de Hauerholm. Item ex parte de Hauerholm unam bovatam terre arabilis et ex parte de Schelford unum toftum cum crofto quod pertinet ad suam medietatem dicte ecclesie. Quod toftum cum crofto equipollet bovate terre arabilis date ex parte de Hauerholm. Et ipsi quidem priores et conventus proporcionaliter procurabunt hospicium Archidiaconi et cetera onera tam ordinaria quam extraordinaria in perpetuum sustinebunt. Et est vicaria iiij marcarum.

BRASCEBRIGG. Vicaria in ecclesia de Brascebrigg que est prioris et conventus hospitalis Lincoln' consistit in toto altaragio, reddendo annuatim canonicis dicti hospitalis tres marcas et dimidiam: et ipsi prior et conventus procurabunt hospicium Archidiaconi et cetera onera tam ordinaria quam extraordinaria in perpetuum sustinebunt. Habebit autem vicarius toftum versus orientalem partem ecclesie pertinens ad eandem ecclesiam. Et est vicaria fere vj marcarum.

CANEWYK. Vicaria in ecclesia de Canewic que est eorundem consistit in toto altaragio et in sex acris terre arabilis in campis de Brascebrig cum quodam tofto proximo ecclesie de Canewic ex parte aquilonari et in quodam alio tofto versus austrum predicte ecclesie ad curtillagium vicarii faciendum. Et est vicaria iiij marcarum.

AUFORD. Vicaria in ecclesia de Auford que est eorundem per Magistrum Reg. de Cestr' tunc officialem domini Episcopi ordinata est ut habetur irrotulata versus finem istius Archidiaconatus.

MAGNA LUFFORD. Vicaria in ecclesia de Magna Lufford que est prioris et conventus de Sixle consistit in toto altaragio preter linum, reddendo annuatim dictis priori et conventui sex marcas: et ipsi prior et conventus procurabunt hospicium Archidiaconi et cetera onera tam ordinaria quam extraordinaria in perpetuum sustinebunt et providebunt vicario de tofto competenti. Et est vicaria sex marcarum.

SIXLE [*Sixhills*]. Vicaria in ecclesia de Sixle que est eorundem consistit in toto altaragio preter linum: et ipsi prior et conventus procurabunt hospicium Archidiaconi et cetera onera tam ordinaria quam extraordinaria sustinebunt in perpetuum et providebunt vicario de tofto. Et est vicaria iiij marcarum.

ESTRASNE [*Market Rasen*]. Vicaria in ecclesia de Estrasne que est eorundem consistit in toto altaragio preter linum et in decimis omnium croftorum preter linum tempore hujus assignacionis et in decimis garbarum duarum bovatarum terre quas Willielmus de Derby tenet in eadem villa. Et preterea vicarius habebit decem solidos annuatim de dictis priore et conventu de Sixle. Et ipsi prior et conventus procurabunt hospicium Archidiaconi et cetera onera tam ordinaria quam extraordinaria in perpetuum sustinebunt et providebunt vicario de tofto. Et est vicaria tunc iiij marcarum.

WIUELINGEHAM [*N. Willingham*]. Vicaria in ecclesia de Wiuelingeham que est eorundem consistit in toto altaragio preter linum et in decimis omnium croftorum ejusdem ville tempore hujus assignacionis reddendo annuatim dictis priori et conventui duas marcas et ipsi prior et conventus procurabunt hospicium Archidiaconi et cetera onera tam ordinaria quam extraordinaria in perpetuum sustinebunt et providebunt vicario de tofto. Et est vicaria lx solidorum.

TEUELESBY [*Tealby*]. Vicaria in ecclesia de Teuelesby que est eorundem consistit in toto altaragio preter linum reddendo inde annuatim dictis priori et conventui v marcas et dimidiam. Et ipsi prior et conventus procurabunt hospicium Archidiaconi et cetera onera tam ordinaria quam extraordinaria sustinebunt et providebunt vicario de tofto. Et est vicaria v marcarum.

SALESBY. Vicaria in ecclesia de Salesby que est eorundem consistit in toto altaragio cum tofto assignando. Et prior et conventus procurabunt hospicium Archidiaconi et cetera onera tam ordinaria quam extraordinaria sustinebunt. Et est vicaria iiij marcarum et amplius.

EST WICHAM. Vicaria in ecclesia de Est wicham que est eoruudem consistit in tota ecclesia preter linum reddendo inde annuatim dictis priori et conventui duas marcas. Et ipsi prior et conventus procurabunt hospicium Archidiaconi et cetera onera tam ordinaria quam extraordinaria sustinebunt et providebunt vicario de tofto. Et est vicaria iij marcarum et dimidie.

CATEBY. Vicaria in ecclesia de Cateby que est eorundem per Magistrum Reginaldum de Cestr' tunc officialem domini Episcopi ordinata est ut irrotulatur prope finem illius Archidiaconatus.

WEST WICHAM. Vicaria in ecclesia de West Wicham cujus medietas est prioris et conventus de Sixle, altera medietas prioris et conventus de Markeby, sic est ordinata. Vicarius habebit nomine vicarie totum altaragium et habebit de medietate prioris et conventus [*fo.* 17ᵃ] de Sixle quindecim solidos certis terminis recipiendos et tantumdem recipiet de medietate prioris et conventus de Markeby. Et ipsi priores et conventus procurabunt hospicium Archidiaconi et cetera onera tam ordinaria quam extraordinaria sustinebunt. Et providebunt vicario de tofto. Et est vicaria trium marcarum et dimidie. Prior et conventus de Markeby concedunt de sua medietate ecclesie Willielmo vicario presentato per eosdem omnes oblaciones et obvenciones hominum suorum in eadem villa manencium et preterea decimas bladi de duabus bovatis terre, scilicet xviij acris quas Ricardus de Binebroc colit in eadem villa, eciam de quatuor acris quas Aduina filia Gode' excolit ibidem quolibet anno ei tempore autumpni percipiendas et v solidos quos ei ad festum S. Botulphi dabunt de Camera sua.

WEST TIRRINTON. Vicaria in ecclesia de Westirrinton que est prioris et conventus de Bullinton consistit in toto altaragio preter linum et in decimis omnium croftorum et in decimis garbarum quatuor bovatarum terre in eadem villa. Quas quatuor bovatas tenent Thomas Musteil et Thomas fil' Hulle, scilicet Thomas Musteil tres bovatas, et Thomas fil'. Hulle unam bovatam: que bovate vicario sunt assignate. Et dicti prior et conventus procurabunt hospicium Archidiaconi et cetera onera in perpetuum sustinebunt et providebunt vicario de tofto. Et est vicaria trium marcarum et dimidie.

LANGETON. Vicaria in ecclesia de Langeton que est eorundem consistit in toto altaragio cum tofto assignando: et ipsi prior et conventus procurabunt hospicium Archidiaconi et cetera onera tam ordinaria quam extraordinaria sustinebunt. Et est vicaria v marcarum.

FRESKENEY. Vicaria in ecclesia de Freskeneia que est eorundem consistit in toto altaragio preter sal cum domibus suis juxta ecclesiam et cum una roda terre ad curtilagium, reddendo inde annuatim predictis prioribus (*sic*) et conventibus (*sic*) x marcas argenti : et ipsi priores et conventus procurabunt hospicium Archidiaconi et cetera onera omnia sustinebunt. Et est vicaria C solidorum.

BULINGTON. Vicaria in ecclesia de Bullinton que est dictorum prioris et conventus de Bullinton consistit in toto altaragio preter linum et preter exitus decimarum curie domini Philippi de Kyma apud Golthowe, et in decimis garbarum octo bovatarum terre quas Adam Staile et Martinus, Ric' fil' Aumund, Gilbertus fil' Agn', Willielmus Stake, Willielmus fil' Warin', Ricardus

Mercer, Adam fil' Radulfi pistoris tenent, et in x solidis annuatim de dictis priore et conventu percipiendis. Et ipsi prior et conventus procurabunt hospicium Archidiaconi et omnia alia onera sustinebunt et providebunt vicario de tofto. Et est vicaria iij marcarum et dimidie.

WINTHORP'. Vicaria in ecclesia de Winthorp' que est eorundem sic est ordinata. Vicarius habebit mansum competens et bonum et sex quartaria frumenti paccabilis et tria quartaria ordei paccabilis annuatim. Panem eciam de altari, oblaciones in majoribus solempnitatibus, obvenciones in confessione, secundum legatum pro sponsalibus jd., pro corpore presenti jd. Habebit autem vicarius ad vestitum suum annuatim unam marcam de dictis priore et conventu. Et ipsi prior et conventus invenient vicario clericum idoneum in expensis suis propriis et procurabunt hospicium Archidiaconi et cetera onera sustinebunt et providebunt de tofto: et valet vicaria circiter vij marcis.

BURG'. Vicaria in ecclesia de Burg' que est eorundem sic est ordinata. Vicarius habebit capellanum socium et habebit annuatim tredecim quartaria frumenti paccabilis et sex quartaria ordei paccabilis et duas marcas per annum et dicti prior et conventus invenient clericum idoneum in expensis propriis. Et habebit vicarius panem de altari, oblaciones in majoribus solempnitatibus, obvenciones in confessione, secundum legatum, pro sponsalibus jd., pro corpore presenti jd. Et ipsi prior et conventus procurabunt hospicium Archidiaconi et omnia alia onera sustinebunt et providebunt vicario de tofto. Et valet vicaria circiter ix marc'.

ALVINGEHAM ET COCRINTON. Vicaria in ecclesiis de Alvingeham et Cocrinton S. Marie. Sciendum est quod que matrices ecclesie sue sunt in uno et eodem cimiterio infra septa prioratus de Alvingeham et semper consueverunt deserviri per unum capellanum et per unum canonicum prioratus. Provisum est ex gracia domini episcopi quod unus vicarius preficiatur ibidem et habeat curam animarum in utraque parrochia et nomine vicarie percipiat sex quartaria frumenti paccabilis et tria quartaria ordei paccabilis et habeat unam marcam argenti per annum de dictis priore et conventus, oblaciones in majoribus sollempnitatibus scilicet die Omnium Sanctorum ij^d. die natal' vj^d. die pasche iiij^d. diebus festorum ecclesiarum ij^d. pro corpore presenti j^d. in utraque parochia quicunque celebraverit missam, pro sponsalibus j^d. quicunque celebraverit in utraque parochia, secundum legatum ex utraque parochia. Et ipsi prior et conventus procurabunt hospicium Archidiaconi et cetera onera tam ordinaria quam extraordinaria in perpetuum sustinebunt. Et insuper invenient vicario diaconum idoneum in expensis propriis et mansum bonum et competens. Et valet vicaria vj marc'.

COCRINTON SANCTI LEONARDI. Vicaria in ecclesia de Cocrinton S. Leonardi que est prioris et conventus de Aluingeham consistit in [*fo.* 17ᵇ] toto altaragio preter linum et in uno quartario frumenti et in uno quartario ordei paccabilis de dictis priore et conventu annuatim percipiendis. Reddendo inde annuatim dictis priori et conventui duodecim denarios. Et ipsi prior et conventus procurabunt hospicium archidiaconi et cetera onera sustinebunt et providebunt de tofto ipsi vicario. Et est vicaria trium marcarum et eo amplius.

KEDINGTON. Vicaria in ecclesia de Keddinton que est eorundem consistit in toto altaragio preter linum, reddendo inde annuatim dictis priori et conventui xiiᵈ. Et ipsi prior et conventus providebunt vicario de tofto et procurabunt hospicium Archidiaconi et cetera onera omnia sustinebunt. Et est vicaria iiij marcarum.

CALTHORP. Vicaria in ecclesia de Calethorp que est eorundem consistit in tota ecclesia cum quodam tofto edificato juxta ecclesiam preter decimas dominici domus de Aluingeham in eadem villa tempore hujus assignacionis, et excepta terra si qua pertineat ad dictam ecclesiam de Calethorp : reddendo inde annuatim dictis priori de Aluingeham xijᵈ. Et ipsi priori et conventus procurabunt hospicium Archidiaconi et cetera onera sustinebunt : et est vicaria trium marcarum.

ORMESBY. Vicaria in ecclesia de Ormesby que est prioris et conventus de Ormesby sic est ordinata. Vicarius habebit per annum sex quartaria et dimidium frumenti paccabilis, unam marcam argenti, oblaciones in majoribus sollempnitatibus, obvenciones de confessione, secundum legatum, pro sponsalibus jd., pro corpore presenti jd. Et ipsi prior et conventus invenient clericum idoneum in propriis expensis et procurabunt hospicium Archidiaconi et cetera onera sustinebunt et providebunt de tofto. Et est vicaria iiij marcarum.

VTTERBY. Vicaria in ecclesia de Vtterby que est eorundem simili modo est ordinata ut vicaria de Ormesby. Et valet iiij marcis.

FETTERBY. Vicaria in ecclesia de Fetterby que est eorundem simili modo est ordinata ut vicaria in ecclesia de Ormesby. Et valet iiij marcarum.

PARVA GRIMESBY. Vicaria in ecclesia de Parva Grimesby que est eorundem consistit in toto altaragio et in sex quartariis et dimidio frumenti paccabilis et in dimidia marca argenti de dictis priore et conventu annuatim percipienda. Et ipsi prior et conventus invenient propriis expensis clericum idoneum et procurabunt hospicium Archidiaconi et cetera onera omnia sustinebunt et providebunt vicario de tofto. Et est vicaria fere iiij marcarum.

SUTH ELKINGTON. Vicaria in ecclesia de Sudelkinton que est eorundem consistit in toto altaragio preter linum et in dimidia marca de dictis priore et conventu annuatim percipienda. Et ipsi prior et conventus invenient vicario toftum et procurabunt hospicium Archidiaconi et omnia alia onera sustinebunt. Et est vicaria iiij marcarum et eo amplius.

GRIMOLDEBY. Vicaria in ecclesia de Grimolby cujus medietas est dictorum prioris et conventus de Ormesby sic est ordinata. Provisum est quod vicarius per dictos priorem et conventum presentandus habeat medietatem altaragii sui preter linum. Que medietas valet xxiij solid' et preterea habeat idem vicarius unum quartarium frumenti paccabilis per annum de dictis priore et conventu. Et ipsi prior et conventus providebunt vicario de tofto et procurabunt hospicium Archidiaconi et sustinebunt cetera onera contingencia dictam eorum medietatem. Et valet totalis vicaria iiij marc'.

BRUNNE. Vicaria in ecclesia de Brunne que est abbatis et conventus de Brune sic est ordinata. Vicarius habebit sufficientem exhibicionem quoad victum et ad mensam canonicorum ut vicarius secularis et garcio ejus similiter habebit exhibicionem ei competentem. Habebit eciam vicarius equum suum ad foragium dicte domus de Bru'ne et similiter quandocunque pro negociis ecclesie iturus sit habebit prebendam secundum facultates domus. Habebit autem ad vestitum suum viginti solidos annuatim, oblaciones in majoribus sollempnitatibus anni, et pro sponsalibus i^d., pro corpore presenti i^d., et secundum legatum. Toftum autem habebit infra abbatiam juxta portam. Et ipsi Abbas et conventus procurabunt hospicium Archidiaconi et cetera onera sustinebunt et invenient vicario diaconum sumptibus abbatie. Et est vicaria vj marcarum.

MORTON.' Vicaria in ecclesia de Mortona que est eorundem consistit in toto altaragio et omnimodis decimis preter decimas garbarum et feni, reddendo inde annuatim prenominatis Abbati et conventui xxx solidos: et ipsi Abbas et conventus procurabunt hospicium Archidiaconi et cetera omnia onera sustinebunt preter sinodalia que vicarius tantummodo solvet annuatim. Et ipsi abbas et conventus infra pascham anni xxii providebunt vicario de tofto. Et est vicaria v marcarum.

In the margin :—
Irrotulatur hoc expressius in rot^o. a^l. xxi.

BERCHAM. Vicaria in ecclesia de Bercham que est eorundem consistit in toto altaragio et in quinque quartariis frumenti paccabilis et in uno quartario ordei paccabilis et in uno quartario avene paccabilis annuatim de dictis Abbate et conventu percipiendis : et ipsi Abbas et conventus procurabunt hospicium Archidiaconi et cetera oneia in perpetuum sustinebunt preter sinodalia que tantummodo vicarius solvet annuatim et providebunt dicti abbas et conventus vicario de tofto. Et est vicaria iiij marcarum.

STOWA. Vicaria in ecclesia de Stowa que est eorundem consistit in tota eadem ecclesia, solvendo inde annuatim dictis abbati et conventui de Brune xxiiij solidos. Et ipse vicarius sustinebit omnia onera in perpetuum.

BILLESFELD. Vicaria in ecclesia de Billesfeld que est eorundem sic est ordinata. Vicarius habebit nomine vicarie totum altaragium et tria quartaria frumenti paccabilis unum quartarium ordei paccabilis et unum quartarium avene paccabilis annuatim de dictis abbate et conventu percipienda : et ipsi abbas et conventus omnia onera episcopalia et archidiaconalia in perpetuum sustinebunt et providebunt vicario de tofto. Et est vicaria trium marcarum et dimidie.

KILUINGHOLM. Vicaria in ecclesia de Kiluingholm que est abbatis et conventus de Newhus consistit in toto altaragio, exceptis decimis agnorum et lane, butyro, [*fo.* 18ᵃ] caseo, et primo legato. Et vicarius solvet tantummodo synodalia et inveniet luminaria et ipsi abbas et conventus procurabunt hospicium Archidiaconi et cetera onera tam ordinaria quam extraordinaria in perpetuum sustinebunt et providebunt vicario de tofto. Et est vicaria vj marcarum.

HABURG. Vicaria in ecclesia de Haburg que est eorundem consistit in toto altaragio exceptis decimis lane et medietate decimarum agnorum. Et ipsi Abbas et conventus solvent synodalia et procurabunt hospicium Archidiaconi et omnia alia onera in perpetuum sustinebunt. Habebit autem vicarius toftum in quo modo residet. Et est vicaria lx solidorum.

KIRM'TON. Vicaria in ecclesia de Kerm'ton que est eorundem consistit in toto altaragio, reddendo ipsis abbati et conventui annuatim xx solidos, scilicet ad festum S. Botulfi x solidos, et ad festum S. Martini x solidos. Et vicarius solvet tantummodo synodalia, et dicti abbas et conventus procurabunt hospicium Archidiaconi, et omnia alia onera in perpetuum sustinebunt. Habebit autem vicarius toftum pertinens ad ecclesiam, in quo vicarius modo manet. Et est vicaria v marcarum.

HALTON [*East Halton*]. Vicaria in ecclesia de Halton, que est eorundem, consistit in toto altaragio exceptis decimis lane et agnorum, butyro et caseo, et primo legato. Et vicarius solvet tantummodo synodalia, et ipsi abbas et conventus procurabunt hospicium Archidiaconi et omnia alia onera in perpetuum sustinebunt; et providebunt vicario de tofto. Et est vicaria v marcarum et dimidie.

Predicti abbas et conventus de Newhus excipiunt in omnibus ecclesiis suis decimas nutrimentorum animalium suorum, feni, molendinorum et salis.

BROCLESBY. Vicaria in ecclesia de Broclesby, cujus una pars est abbatis et conventus de Newhus, altera pars abbatis et conventus de Tuppeholm [*blank*].

BURRETH.* Vicaria in ecclesia de Burred que est abbatis et conventus de Tuppeholm consistit in toto altaragio, et in xx solidis annuatim de dictis abbate et conventu percipiendis, scilicet ad festum S. Martini x solidis, et ad pentecosten x solidis. Habebit autem idem vicarius duas partes tofti pertinentis ad ecclesiam, et ipse vicarius inveniet clericum et predicti abbas et conventus procurabunt hospicium Archidiaconi et omnia alia onera in perpetuum sustinebunt, et eciam libros et ornamenta ecclesie invenient. Et est vicaria trium marcarum et dimidie.

* Probably, but not certainly, Burgh-upon-Bain.

STEINTON [*Market Stainton*]. Vicaria in ecclesia de Steinton que est eorundem consistit in toto altaragio preter decimas agnorum et medietatem lane. Habebit autem vicarius duas partes tofti pertinentis ad ecclesiam, et inveniet clericum, et ipsi abbas et conventus procurabunt hospicium Archidiaconi, et omnia alia onera tam ordinaria quam extraordinaria in perpetuum sustinebunt. Et eciam libros et ornamenta ecclesie invenient. Et est vicaria iiij marcarum.

RANDEBY. Vicaria in ecclesia de Randeby que est eorundem sic est ordinata. Vicarius erit ad mensam dictorum abbatis et conventus ut vicarius secularis, et habebit oblaciones in principalibus festis anni, scilicet die natali Domini iij^d., die pasche ij^d., die Omnium Sanctorum i^d., die dedicacionis ecclesie i^d. Et habebit secundum legatum. Habebit autem xx solidos annuatim ad vestitum suum de dictis abbate et conventu percipiendos, scilicet ad festum S. Martini x solidos, et ad pentecosten x solidos. Et ipsi abbas et conventus invenient clericum idoneum ipsi vicario, et procurabunt hospicium archidiaconi, et omnia alia onera in perpetuum sustinebunt.

MEDIA RASEN [*Middle Rasen Tupholme*]. Vicaria in ecclesia de Media Rasne que est eorundem consistit in toto altaragio, excepta decima agnorum et lane. Habebit eciam vicarius toftum quod fuit Willielmi de Welleton versus orientem ecclesie, et inveniet sibi clericum idoneum, et respondebit de denario beati Petri, quem idem vicarius colliget; et ipsi abbas et conventus procurabunt hospicium Archidiaconi, et solvent synodalia, et omnia alia onera in perpetuum sustinebunt. Et est tunc vicaria lx solidorum.

MINTINGES [*Minting*]. Vicaria in ecclesia de Mintinges que est prioris de Mintinges [*blank*.]

THRIKINGHAM [*Threckingham.*] Vicaria in ecclesia de Trikingeham que est fratrum S. Lazari de Burthon' consistit in toto altaragio absque alia diminucione, cum tofto in quo modo vicarius residet; et ipsi fratres S. Lazari procurabunt hospicium Archidiaconi, et sustinebunt in perpetuum omnia alia onera preter synodalia que tantummodo vicarius solvet annuatim. Et valet vicaria v marc' et eo amplius.

TALINGTON. Vicaria in ecclesia de Tallinton, que est prioris et conventus de Beluero, consistit in toto altaragio, solvendo inde annuatim dictis priori et conventui xxiiij solidos; et ipsi prior et conventus procurabunt hospicium Archidiaconi, et omnia alia onera in perpetuum sustinebunt preter synodalia que idem vicarius solvet annuatim. Habebit eciam vicarius toftum in quo modo residet.

AUBURN. Vicaria in ecclesia de Auburn, que est eorundem, consistit in toto altaragio cum tofto assignato; et ipsi prior et conventus procurabunt hospicium Archidiaconi, et omnia alia onera in perpetuum sustinebunt preter synodalia que idem vicarius solvet annuatim.

CALKEWELL [*Cawkwell*]. Vicaria in ecclesia de Calkewell, que est prioris et conventus de Noketon, consistit in toto altaragio et in una marca assignanda in decimis garbarum ejusdem ville.

[*Fo.* 18*b.*]

HEDDENAM [*Edenham*] et **BAMBURG.** Vicarie in ecclesiis de Heddenam et de Bamburg que sunt prioris et conventus de Bridlinton nondum sunt ordinate.

WITHAM. Vicaria in ecclesia de Wiham (*sic*) que est eorundem consistit in omnibus oblacionibus per annum, exceptis purificacionibus, sponsalibus, annualibus, tricentalibus, de quibus vicarius non habebit nisi terciam partem. Consistit eciam in tercia parte omnium decimarum tam majorum quam minorum ecclesiam de Wiham contingencium cum toto ciragio exceptis decimis de quatuor culturis, videlicet de Dic Hanwang, Scoritwang, Hunthawahli, ex utraque parte vie que tendit de Lund usque Edenham et exceptis decimis omnium terrarum de dominicis terris canonicorum de Bridlinton quas habent in parrochia de Wiham de quibus vicarius de Wiham nichil percipiet. Habebit eciam vicarius mansum competentem edificatum et toftum eidem manso adjacentem et communia pasture ville de Wiham : et sustinebit omnia onera episcopalia et archidiaconalia, et faciet deserviri in capella de Lund dominicis diebus tantum per annum : et valet totalis ecclesia xxiiij^{or}. marc' et vicaria viii marc'.

SPALDYNG. Vicaria in ecclesia de Spalding, que est prioris et monachorum ibidem, ante concilium Lateranum ordinata, consistit in exhibicione capellani qui accipere debet panem monachalem et cervisiam cum generali (?) de coquina et ad palefridum suum necessaria in avena et foragine. Consistit eciam in decimacionibus operariorum et omnium mercatorum ville de Spalding cum legatis capellano debitis et visitacionibus infirmorum et cum denariis missalibus et denariis cum pane benedicto oblatis et caseis ad penthecosten et gallinis ad natale ecclesie de Spald' debitis. Et valet ipsa vicaria quinque marc' et amplius.

KABURN [*Cabourn*]. Vicaria in ecclesia de Kaburn' que est abbatis et conventus de Grimesby, per dominum Hugonem secundum de consensu capituli sui Lincoln' ordinata, consistit in toto altaragio et minutis decimis ad ipsam ecclesiam pertinentibus cum manso competente et in tribus bovatis terre et dimidia ex una parte ville et tribus bovatis et dimidia ex alia cum omnibus earum pertinenciis liberis ab omni seculari exactione et a prestacione decimarum quietis. Dicti autem abbas et conventus omnia onera illius ecclesie præter onus parochiale perpetuo sustinebunt.

SWINHAMSTED [*Swinstead*]. Ordinacio vicarie de Swinhamsted, ultimo facta vice domini Hugonis secundi per R. Archidiaconum Lincoln' de assensu prioris et conventus de Drax et Roberti de Ridal tunc vicarii, consistit in toto altaragio illius ecclesie et tota terra pertinente ad ecclesiam cum ejusdem terre pertinenciis et in medietate tofti ecclesie et in redditu duorum solidorum et in decima decime (*sic*) omnium garbarum. Canonici prefati percipient totum residuum ecclesie nomine perpetui beneficii, et procurabunt hospicium archidiaconi. Vicarius respondebit de synodalibus. Valet autem tota ecclesia xv marc', vicaria c sol'.

ALFORD. Vicaria in ecclesia de Alford, que est prioris et canonicorum hospitalis extra Lincoln', per magistrum Reginaldum de Cestr' officialem domini episcopi dudum sic est ordinata: videlicet, quod vicarius perpetuus in eadem ecclesia et capella de Riggesby constitutus habebit totam terram ecclesie et capelle cum pratis pascuis et pasturis et turbariis et omnibus aliis pertinenciis suis et libertatibus excepta medietate mansi apud Alford' quam canonici hospitalis extra Lincoln' habebunt ad faciendum ibidem horrea sua ad reponendum decimas garbarum ad prefatam ecclesiam et capellam pertinentes, que conceduntur eis integre in proprios usus convertende. Habebit eciam idem vicarius altaragia tam ecclesie quam capelle, scilicet oblaciones proventus et omnes obvenciones preter decimas garbarum ut predictum est, et in propria persona faciet ibi residenciam et in ordine sacerdotali ministrabit, et in capella per alium capellanum idoneum, qui moram ibi faciet, competenter faciet ministrari, omniaque onera consueta et ordinaria sustinebit: ob quod in auxilium decem solidos a prefatis canonicis, scilicet ad pascham v solidos, et ad festum S. Michaelis v solidos, percipiet annuatim.

KAYTEB'. [*Cadeby*]. Vicaria in ecclesia de Katteb' que est monialium ordinis de Sempingeham de domo Sixle, per predictum Magistrum R. officialem dudum sic est ordinata: videlicet quod vicarius ibi perpetuo ministraturus habebit totum altaragium cum terra ecclesie et redditu et omnibus aliis pertinenciis et libertatibus in pratis pascuis et turbariis, et medietatem de decimis garbarum cum tali scilicet augmento quod decimas garbarum de valle que dicitur Suthdale quam excolunt parochiani ecclesie predicte et de quadam cultura de feodo Ricardi de Sauntford in eadem valle integre percipiet; moniales quidem predicte medietatem de decimis garbarum preter quam de dicta valle et cultura de Suthdale percipient ad sui potus incrementum. Vicarius vero residenciam in eadem ecclesia faciet et in propria persona in officio sacerdotali ministrabit, et synodalia tantummodo solvet. Moniales autem predicte omnia alia onera sustinebunt.

[*Fo.* 19ª].

WESTRAVENDAL'. Vicaria in ecclesia de Westravendal', que est abbatis et conventus de Bello Portu, per dominum episcopum sic est ordinata. Vicarius perpetuus habebit nomine vicarie sue annuum unius canonici victum a predictis canonicis, et unam marcam annuam apud Westravendal'. Ipsi autem canonici omnia onera illius ecclesie ordinaria sustinebunt.

LANGETOFT.* In augmentacionibus factis tempore beati Roberti inventum est sic scriptum:—vj non' Martij anno xvij apud Lidington adauxit episcopus vicariam ecclesiam de Langetoft, relevando vicarium de dimidia marca quam predecessores sui persolvere consueverunt abbati et conventui Croyland' nomine pensionis, et de hospicio Archidiaconi, similiter decernendo auctoritate apostolica onus ejusdem procuracionis eisdem abbati et conventui decetero incumbere et a percepcione dimidie marce perpetuis temporibus cessare : facta (?) vero ordinacio prima ubi sit scripta nescitur.

* The next two entries are in another hand.

THORP. In augmentacionibus factis per beatum Robertum inventum est sic scriptum :—Vicarie ecclesie de Thorp quam habent moniales de Stikeswold in proprios usus addatur decima feni ejusdem parochie.

PRO DUABUS PARTIBUS ECCLESIE DE STAYNTON.*
Due partes ecclesie de Staynton, quarum jus patronatus priorissa et conventus de Aluyngham de dono et concessione Lamberti de Scoteneia patroni earundem . . . adquisierunt, fuerunt eisdem monialibus per fidem recordacionis Hugonis quondam Lincoln' episcopi in proprios usus concesse et appropriate, quas quidem concessionem et appropriacionem Philippus tunc Cantuar' Archiepiscopus tunc in partibus illis sedis apostolice legatus confirmavit, subsequenterque dominus Lincoln' episcopus, predicti domini Lincoln' successor, revocans quod predecessor suus fecerat, ipsas duas partes cuidam clerico suo contulit, et ipsum investivit in eisdem. Tandem mota questione inter dictas moniales et dictum clericum super dictis duabus partibus coram certis sedis apostolice delegatis ipsi delegati ipsas duas partes prefatis monialibus per suam sentenciam diffinitivam adjudicaverunt anno domini mill° CC^{mo} xlv mense Decembris, que quidem sentencia post modum per Innocentium papam quartum extitit confirmata prout in bulla sua apostolica de dat' Lugdun' x kalend' Aprilis pontificatus sui anno vij°, a quo tempore eedem moniales tenuerunt dictas duas partes in propiios usus liquet manifeste [quod?] nulla est ibidem ordinata vicaria. Hec per Colstone Registratorem.

* The whole of this last entry is in a later hand.

Stowe.

[*Fo.* 19ᵇ].

WINTERINGTON [*Winterton*]. Vicaria in ecclesia de Winterington que est prioris et monialium de Meauton (?) sic est ordinata. Vicarius habebit nomine vicarie totum altaragium, reddendo dictis priori et monialibus per annum quinque marcas; et dictus prior respondebit de episcopalibus et archidiaconalibus. Providebit eciam vicario de tofto competenti. Et valet ecclesia xxx marc', et vicaria sex marc'.

NEUTON. Vicaria in ecclesia de Neuton que est prioris et canonicorum Hospitalis Lincoln' sic est ordinata. Vicarius habebit totum altaragium, reddendo inde annuatim dictis priori et canonicis duas marcas; et dictus prior respondebit ut supra, et providebit vicario de tofto competenti. Et valet totalis ecclesia viginti marc'; vicaria vero valet quinque marc'.

MARTON. Vicaria in ecclesia de Marton', que est eorundem, sic est ordinata. Vicarius habebit totum altaragium, reddendo dictis priori et canonicis annuatim dimidiam marcam. Et dictus prior respondebit ut supra, et providebit de tofto, competenti. Et est dicta vicaria sufficienter ordinata ut dicitur.

HAUGHTHORN [*Hackthorn*]. Vicaria in medietate ecclesie de Haughthorn, que est prioris et monialium de Bullinton, sic est ordinata. Vicarius habebit totam medietatem ipsorum de altaragio preter linum, reddendo annuatim dictis priori et monialibus quatuor solidos. Persona vero respondebit de sua medietate, et similiter ut prior providebit de tofto et communiter respondebunt de episcopalibus et archidiaconalibus.

GLENTWORTH. Vicaria in ecclesia de Glentewurth que est abbatis et conventus de Newehus consistit in toto altaragio cum manso competenti; et valet ipsa vicaria sex marc'.

SAXEBY. [*Saxelby-cum-Ingleby*]. Vicaria in ecclesia de Saxeby, que est eorundem, consistit in toto altaragio, cum tofto et gardino quod Matheus habuit, excepto lino: reddendo inde annuatim quatuor marcas dictis abbati et conventui de Newehus; et idem abbas et canonici invenient capellanum secularem, et in omnibus eum exhibebunt, qui plene deserviet capelle de Engleby; et ipse capellanus pleno jure suberit vicario matricis ecclesie; et valet totalis ecclesia xx^{ti}. marc', vicaria vero valet vij marc'.

Et sciendum est quod dicti Canonici nullas decimas solvent vicariis suis de nutrimentis animalium suorum neque de aliis ad ipsos canonicos pertinentibus in dictis parochiis.

RISEBY. [*Risby in Roxby*]. Vicaria in ecclesia de Riseby, que est prioris et canonicorum de Thornholm, auctoritate concilii sic est ordinata. Vicarius habebit nomine perpetue vicarie totum altaragium preter decimam proprii instauramenti canonicorum. Habebit eciam toftum quod jacet juxta toftum Helewise vidue, et sinodalia solvet; et canonici hospicium archidiaconi procurabunt.

MESSINGHAM. Vicaria in ecclesia de Messingeham, que est eorundem, auctoritate concilii sic est ordinata. Consistit ipsa vicaria in toto altaragio et duabus bovatis terre cum tota decima earundem bovatarum, quas duas bovatas Matill' Scrat et Willielmus Guleta tenuerunt, que appreciata sunt ad xx solidos; et in duobus toftis que Hugo Long et Willielmus Guren'nt tenuerunt; et in manso qui jacet inter Robertum de Rowell decanum et Walterum Poly. Idem autem vicarius solvet sinodalia; et canonici hospicium Archidiaconi procurabunt. Postea tamen mutata fuit ordinacio per Willielmum de Cantia archidiaconum Stowe, quoad mansum scilicet quod consistit in manso jacente inter toftum Willielmi filii Ailine et toftum Roberti de Asckeby; qui quidem mansus (*sic*) fuit assignatus Hugoni vicario per dictos priorem et conventum de Thornholm de consensu ejusdem Hugonis, et ad utilitatem suam, ut dicitur, pro tofto quod jacet inter toftum Roberti de Rowell et toftum Walteri Poly assignato eidem vicario prius per predictam ordinacionem, et pro isto manso sic compmutato solvet vicarius per annum xviij[d]. dictis priori et conventui.

APPELBY. Vicaria in ecclesia de Appelby, que est eorundem, auctoritate concilii sic est ordinata. Vicarius habebit nomine perpetue vicarie totum altaragium preter unam marcam dictis Canonicis de eodem altaragio in torcia porcione assignandam et preter decimam proprii instauramenti Canonicorum : et habebit mansum competens et unam acram terre in uno campo et aliam in alio; et solvet sinodalia. Canonici vero procurabunt hospicium Archidiaconi.

VPTON. Vicaria in ecclesia de Vpton, que est monialium de Heninges, auctoritate concilii sic est ordinata. Vicarius habebit nomine perpetue vicarie totum altaragium cum manso competenti, solvendo inde dictis monialibus xx solidos annuos, et preterea solvendo sinodalia. Moniales vero procurabunt hospicium Archidiaconi.

[*Fo.* 20ᵃ].

SCOTHORN. Vicaria in ecclesia de Scothorn, que est abbatis et conventus de Barling', auctoritate concilii ordinata, consistit in toto altaragio, salvis inde Capitulo Lincoln' x solidis annuis quos idem Capitulum ab antiquo percipere consueverunt per manus ipsorum abbatis et conventus. Ipsi vero abbas et conventus hospicium Archidiaconi procurabunt, et vicarius sinodalia solvet. Valet totalis ecclesia xᵉᵐ marc', vicaria v marc'.

THORP. Vicaria in ecclesia de Thorp, que est Templariorum, auctoritate concilii ordinata, consistit in toto altaragio, et in duobus quartariis de frumento per annum, et in duabus marcis argenti certo loco assignandis, et in quodam tofto quod fuit Roberti Gric. Ipsi autem Templarii omnia onera ordinaria ipsius ecclesie preter sinodalia sustinebunt, que vicarius persolvet. Dicte vero duo marce annue postea sunt assignate in hunc modum; de redditu Thome de Stanton septem solidos et vijᵈ.,* de redditu Hugonis fil' Rande quinque solidos, de redditu Roberti Quenild octo solidos, de redditu Lamberti quinque solidos, de redditu Roberti Peil de Cerf duodecim denarios.

_{* These amounts are apparently 1d. short of two marcs.}

GEYNESBURG' [*Gainsburgh*]. Vicaria in ecclesia de Geinesburg', que est eorundem, auctoritate concilii sic est ordinata. Habebit autem vicarius nomine perpetue vicarie totum altaragium cum manso competenti, solvendo inde dictis fratribus˙ templi xl solidos annuos, et preterea solvendo sinodalia. Ipsi vero templarii hospicium archidiaconi procurabunt.

_{In the margin, in a later hand:—}

Postea ordinata est in hunc modum: ad vicariam de Gaynesburg adduntur iij marce quas consuevit vicarius solvere templariis, et hec augmentacio facta fuit tempore beati Roberti, ut in rotulo continetur.

WILEGHETON' [*Willoughton*]. Vicaria in medietate ecclesie de Wilegheton' que est abbatis et conventus Andeg', auctoritate concilii ordinata, consistit in toto altaragio illius medietatis, et in decima bladi v bovatarum terre et dimidie quas Simon fil' Iuonis, Nigellus Cuterich, Hamo Bulle, Reginaldus Bercharius, Albreda vidua, Willielmus Hereward, et Alexander prepositus tenuerunt; que quidem decime appreciate sunt ad unam marcam; et in tofto quod fuit Radulfi fil' Willielmi. Vicarius vero solvet sinodalia. Monachi vero procurabunt hospicium Archidiaconi.

WILEGHETON'. Vicaria in medietate ecclesie de Wilegheton', que est Templariorum, auctoritate concilii ordinata, consistit in toto altaragio illius medietatis, et manso quod fuit Alexandri capellani ; et solvet vicarius sinodalia, et templarii hospicium Archidiaconi procurabunt. Vicarius vero semper septimana secunda, scilicet qua celebrabit in capella dictorum fratrum, erit ad mensam eorum.

BURTON. Vicaria in ecclesia de Burton, que est prioris et conventus de Nortun, auctoritate concilii ordinata, consistit in toto altaragio ipsius ecclesie, et in decima garbarum xvi bovatarum terre de feodo Trussebut, cum manso competente : et sunt ibi necessarii duo capellani et duo clerici. Vicarius autem solvet sinodalia, et prior et conventus hospicium Archidiaconi procurabunt.

HAUTEBARG [*Alkborough*]. Vicaria in ecclesia de Hautebarge, que est prioris et conventus de Spalding, auctoritate concilii ordinata, consistit in toto altaragio cum manso competente ; et vicarius solvet synodalia, et prior et conventus hospicium archidiaconi procurabunt. Et valet vicaria vj marc', et totalis ecclesia xl.

COTES. Vicaria in ecclesia de Cotes, que est abbatis et conventus de Wellebec, auctoritate concilii ordinata, consistit in toto altaragio et in xx solidis annuis cum manso competente. Assignati sunt autem dicti xx solidi in decimis garbarum de viij bovatis terre, de quibus Walterus de Marisco tenet iiij^{or}., Hugo presbiter tenet unam, Adam Crassus tenet duas, et Henricus Crassus unam.

TORKESEYE. Vicaria in ecclesia S. Marie de Torkeseye, que est Canonicorum ejusdem ville, auctoritate concilii ordinata, consistit in victu unius canonici et una marca annua, cum manso competente.

CRUL. [*Crowle*]. Vicaria in ecclesia de Crull, que est abbatis et conventus de Seleby, exdudum ordinata, consistit in toto altaragio et omnibus minutis decimis ad ecclesiam ipsam pertinentibus, et in duabus bovatis terre cum vj acris prati et cum manso competenti. Salva inde dictis abbati et conventui una marca cum eam sibi deberi probaverint per ordinacionem.

RAUILDTHORP. [*Raventhorpe in Appleby*]. Vicaria in ecclesie de Rauildthorp, que est prioris et conventus de Thornholm, auctoritata concilii ordinata, consistit in toto altaragio et in omnibus minutis decimis, preterquam de instauro Canonicorum, et in manso competente. Percipiet autem vicarius [*fo.* 20^b] a canonicis predictis quadraginta solidos annuos ad quatuor terminos, videlicet ad pascham x solidos, in festo S. Johannis Baptiste x solidos, in festo S. Michaelis x solidos, in festo Natal' Domini x solidos. Si autem a solucione x solidorum aliquo predictorum terminorum cessaverint vel vicario infra xv dies proximas sequentes non satisfecerint, dabunt pro pena eidem vicario dimidiam marcam argenti. Habebit eciam dictus vicarius ij acras terre in uno campo et ij in alio. Et solvet tantummodo synodalia.

[The remainder of this page, and both sides of ffo. 21 and 22, are blank].

[*Fo.* 23ᵃ].

Appropriaciones ecclesiarum et constituciones pensionum viris religiosis facte tempore domini Hugonis secundi Lincoln' episcopi, una cum quibusdam confirmacionibus factis per eum super appropriacionibus et constitucionibus pensionum habitis de temporibus quorundam predecessorum suorum.*

* This heading is in a somewhat later hand.

CONFIRMACIO *composicionis* inite inter sancte recordacionis Hugonem Linc' episcopum et Magistrum ordinis de Sempingeham super ecclesiis de. Northton', Marthton' et Neweton'.

Universis S. Matris ecclesie filiis &c. Noverit universitas vestra quod inspeximus composicionem super ecclesiis de Northon' et de Marthon' et de Newetone factam inter sancte recordacionis Hugonem predecessorem nostrum et capitulum Lincoln' ex una parte et R. Magistrum ordinis de Sempingeham et canonicos Hospitalis Lincoln' ex alia. Nos igitur eam, sicut racionabiliter facta est et autentico scripto predictorum Episcopi et Capituli Lincoln' confirmata, ratam et gratam habentes, prefatos canonicos misimus in corporalem possessionem ecclesiarum de Marton et de Neweton, ipsas eis concedentes in proprios usus tenendas in perpetuum : ecclesia de Northon', in qua ex donacione R. de Chaineto † quondam Lincoln' Episcopi et Capituli predicti prefatus R. magister ordinis de Sempingeham et prior conventusque predicte domus Hospitalis jus sibi vendicaverant, cui videlicet juri iidem magister prior et conventus sponte renunciaverunt in donacione et ordinacione nostra et successorum nostrorum, sicut in eadem composicione continetur, libere perpetuo permanente. Huic autem composicioni G. successor prefati R. et magister ordinis de Sempingeham consensit. In hujus rei robur et testimonium presenti scripto sigillum nostrum apposuimus. Hiis testibus Rogero decano, Galfrido precentore, Rogero cancellario, Johanne subdecano, Hugone de S. Edwardo, Will. fil' Fulc', Reginaldo de Cestr', Waltero de Well', canonic' Linc' ecclesie, Roberto capellano, Roberto de Grauel', Petro de Wileton', Petro de Bathon', et Ricardo, clericis, et multis aliis. Dat' apud Lincolniam iij° kal' Marcij per manum W. de Tornach' archidiaconi Stowe, Pontificatus nostri anno quinto.

† Robert de Chesney, 1148-1167.

PENSIO L. *de ecclesia de Opford* concessa priori et conventui Huntingdon'.

Universis Christi fidelibus &c. Noverit universitas vestra nos de assensu Willielmi Dacy patroni ecclesie de Opford concessisse et presenti carta nostra confirmasse dilectis in Christo filiis priori et canonicis S. Marie Hunte'don' in purum et perpetuum beneficium quinquagenta solidos de eadem ecclesia de Opford annuatim percipiendos per manus illius, quicunque persona pro tempore fuerit in eadem. Salvo eidem Willielmo Daco et heredibus suis jure patronatus ejusdem ecclesie. Et ut hec nostra concessio perpetue firmitatis robur optineat, eam presenti scripto et sigilli nostri apposicione roboravimus. Hiis testibus R. Archidiacono Hunte'don', Magistro R. de Cestr', Magistro W. de Well', R. capellano canonic' Lincoln', Petro de Wileton', Magistro R. de Tingehurst, R. de Bohum, Petro de Bathon', Stephano de Cicestr' et aliis. Dat' per manum W. Archidiaconi de Stowa apud Buggeden Non' Novembris Pontificatus nostri anno quinto.

RATIFICACIO *appropriacionis ecclesie de Scitebrok facte canonicis de Thor'*.

Omnibus Christi fidelibus &c. Ut ea que locis religiosis juste collata sunt perpetuo valida consistant et debita gaudeant firmitate, nos racionabilem concessionem sancte recordacionis Hugonis predecessoris nostri dilectis filiis Canonicis de Thor' de ecclesia de Scitebroc sicut canonice facta est episcopali confirmamus auctoritate, nulli in jure suo volentes per hoc prejudicium gravari. Salvis in omnibus episcopalibus consuetudinibus et ecclesie Lincoln' dignitate. Et in hujus rei testimonium presenti scripto sigillum nostrum apposuimus. Hiis testibus Roberto archidiacono Huntedon', Magistro Reginaldo de Cestr', Magistro W. de Well', Rogero capellano canonic' Lincoln', Martino de Pateshull', Magistro R. de Gravel', Magistro R. de Thingehurst, R. de Bohum, Petro de Wileton', W. de Henton', Petro de Bathon', Stephano de Cicestr' et aliis. Dat' per manum W. de Thornac' Archidiaconi de Stowa apud Lincolniam sexto kal' Januarii Pontificatus nostri anno sexto.

REMISSIO *pensionis . . . . suspensorum clericorum*.

Hugo dei gratia Lincoln' Episcopus dilectis in Christo filiis Majori et commune Oxon', Salutem et benedictionem. Noverit universitas vestra dominum abbatem et conventum Eynesham' onus in se suscepisse reddendi singulis annis imperpetuum quinque marcas et duos solidos pro vobis quos vos ex provisione venerabilis patris nostri N. dei gratia Tusculan' Episcopi et apostolice sedis legati in pena' pro suspendio clericorum apud Oxon' suspensorum reddere annuatim debueratis. Nos autem id ratum et gratum habentes vos ab onere predicto v marcarum et ij solidorum pro nobis et successoribus nostris imperpetuum quietos clamamus. Et ut hoc nulli veniat in dubium presenti scripto sigillum nostrum appendimus.

APPROPRIACIO *capelle de Crouleton*.

Omnibus &c. Cum ea que locis religiosis racionabiliter collata sunt pium sit perpetuo roborare, nos intuitu divino capellam de Crouleton de consensu Guidonis de la Haie patroni ejusdem capelle

Hospitali de Einho in usus proprios habendam concedimus et episcopali auctoritate confirmamus. Salvis in omnibus episcopalibus consuetudinibus et Lincolu' ecclesie dignitate. Quod vero perpetuam optineat firmitatem presenti scripto sigillum nostrum apposuimus. Hiis testibus W. de Thornac' archidiacono Stowe, Magistro Reginaldo de Cestr', Rogero capellano, Petro de Bathon', canonic' Lincoln', Magistro R. de Gruel', Magistro R. de Tingehurst, R. de Bohum, Stephano de Cicestr', et aliis. Dat' per manum R. archidiaconi Huntedon' apud Bannebir' septimo Idus Februarii Pontificatus nostri anno sexto.

APPROPRIACIO *ecclesie de Horton*.

Universis sancte matris ecclesie filiis &c. Noverit universitas vestra nos de consensu capituli nostri Linc' divine pietatis intuitu concessise et dedisse dilectis in Christo filiis abbati et conventui S. Jacobi Northampton' ecclesiam de Horton cum omnibus pertinenciis suis in proprios usus imperpetuum habendam et tenendam, ipsamque eis auctoritate episcopali confirmamus. Salvis in omnibus episcopalibus consuetudinibus et Linc' ecclesie dignitate. In hujus igitur rei robur et testimonium sigillum nostrum et sigillum capituli nostri Linc' huic scripto sunt apposita. Hiis testibus R. decano, G. precentore, Rogero cancellario, Gilberto thesaurario; Reimundo Leic', Roberto Norhampton', Alexandro Bedeford', Johanne Oxon', Willielmo Stowe, Roberto Huntedon', Archidiaconis ; Magistro Reginaldo de Cestr', Magistro Waltero de Well', Rogero capellano, Petro de Bathon', canonicis Lincoln', [*Fo.* 23ᵇ] Magistro R. de Grauel', Magistro R. de Tingehurst, R. de Bohun, Petro de Wylton', P. de Cheu'mont, Stephano de Cicestr', et aliis. Dat' apud Lincolniam duodecimo kal. Aprilis pontificatus nostri anno vj°.

APPROPRIACIO *Billesfeld'*.

Universis &c. Noverit universitas vestra nos de consensu capituli nostri Linc' divine pietatis intuitu concessisse et dedisse dilectis in Christo filiis abbati et conventui de Brunna ecclesiam de Billesfeld cum omnibus pertinenciis suis in proprios usus imperpetuum habendam et tenendam, ipsamque eis auctoritate episcopali confirmamus. Salvis in omnibus &c. In hujus igitur rei robur et testimonium sigillum nostrum et sigillum capituli nostri Linc' huic scripto sunt apposita. Hiis testibus, Rogero decano, Galfrido precentore, Rogero cancellario, Gileberto thesaurario; Reimundo Leicestr', Roberto Norhampt', Alexandro Bedeford', Johanne Oxon', Willielmo Stouwe, Roberto Huntingdon', Archidiaconis; Magistro Reginaldo de Cestr', Magistro Waltero de Well, Rogero capellano, Petro de Bathon', canonicis Lincoln' ; Magistro Roberto de Grauel', Magistro Ricardo de Tingehurst, Rogero de Bohun, Petro de Wylton', Petro de Cheu'mont, Stephano de Cicestr', et aliis. Dat' apud Lincolniam, xij° kalend' Aprilis pontificatus nostri anno vi°.

MESSEWORTHE.

Universis &c. Noverit universitas vestra nos de assensu capituli nostri Linc' divine pietatis intuitu concessisse et dedisse dilectis in Christo filiis Priori et conventui de Caldewell iij marcas annuas in ecclesia de Messeworth nomine perpetui beneficii percipiendas. Salvis in omnibus, &c. In hujus igitur, &c., ut supra. Testibus ut supra in proximo, excepto Magistro Ricardo de Tingehurst. Dat' apud Lincolniam xij° kalend' Aprilis pontificatus nostri anno vj°.

IIJ MARCAS *annuas de ecclesia de Morton.*

Universis Christi fidelibus &c. Noverit universitas vestra nos de assensu capituli nostri Lincoln' divine pietatis intuitu concessisse et dedisse dilectis in Christo filiis Priori et canonicis de Esseby iij marcas annuas in ecclesia de Morton nomine perpetui beneficii percipiendas. Salvis in omnibus, &c. In hujus igitur, &c., ut supra. Testibus et Dat' ut supra in carta canonicorum de Brunna de ecclesia de Billesfeld, excepto Stephano de Cicestr'.

V MARCAS *annuas in ecclesia de Parva Messenden.*

Universis &c. Noverit universitas nos de assensu capituli nostri Lincoln' divine pietatis intuitu concessisse et dedisse dilectis in Christo filiis Priori et canonicis de Berencestr' v marcas annuas in ecclesia de Parva Messenden nomine perpetui beneficii percipiendas. Salvis in omnibus, &c. In hujus igitur, ut supra. Testibus et Dat' ut supra in carta canonicorum de Brunn de ecclesia de Billesfeld.

IIIJ MARCAS *annuas in ecclesia de Dutington.*

Universis &c. Noverit universitas vestra nos de assensu capituli nostri Linc' divine pietatis intuitu concessisse et dedisse dilectis in Christo filiis Priori et conventui de Norton iiij marcas annuas de ecclesia de Dutington nomine perpetui beneficii percipiendas. Salvis in omnibus &c. In hujus igitur, &c., ut supra. Testibus et Dat' (addito per manum W. de Tornac' Archidiaconi Stouwe) ut supra in proximo.

XXs. ANNUOS *in ecclesia de Chieu'mont.*

Universis &c. Noverit universitas vestra nos de assensu capituli nostri Lincoln' divine pietatis intuitu concessisse et dedisse et presenti carta nostra confirmasse dilectis in Christo filiabus Priorisse et conventui de Stainfeld xx solidos annuos in ecclesia de Chieu'mont nomine perpetui beneficii percipiendos. Salvis in omnibus, &c. In hujus igitur, &c., ut supra. Testibus, Magistro R. de Cestr', Rogero capellano, Petro de Bathon', canonicis Linc'; Magistro Roberto de Grauel', Magistro Ricardo de Tingehurst, Magistro Willielmo de Navenby, Rogero de Bohun, Stephano de Cicestr', et aliis. Dat' per manus Willielmi de Thornac' Archidiaconi Stowe apud Bannebir' vij kal. Augusti pontificatus nostri anno vj°.

APPROPRIACIO *ecclesie Omnium SS. in foro de Stanford.*
Universis &c. Noverit universitas vestra nos de assensu capituli nostri Linc' divine pietatis intuitu concessisse et dedisse, et hac carta nostra confirmasse, dilectis in Christo filiabus Priorisse et monialibus S. Michaelis de Stanford, ecclesiam Omnium Sanctorum in foro de Stanford. Salva vicaria quam constituimus in eadem, que consistit in omnibus obvencionibus et proventubus altaragii ejusdem ecclesie. Is autem qui perpetuus fuerit vicarius pensionem duarum marcarum ipsis monialibus annuatim in festo rogacionum de eadem vicaria persolvet, et omnia onera episcopalia sustinebit. Residuum vero, scilicet totam terram ecclesie et omnes decimas garbarum, eadem Priorissa et moniales habebunt in proprios usus conventendum. Salvis in omnibus, &c. In hujus igitur, &c., ut supra. Testibus Rogero decano, R. Norhampton', R. de Hailes Huntingdon' Archidiacon', Hugone de S. Edwardo, Magistro Rogero de Cestr', Thoma de Fiskarton, et Rogero de Bristoll' capellanis, [*fo.* 24ª] Petro de Bathon' canonic' Lincoln', Magistro Willielmo de Brancewell, Magistro Ricardo de Tingehurst, Stephano de Cicestr', et aliis. Dat' per manum W. de Tornac' archidiaconi Stouwe apud Bannebir', iiijto. kal. Augusti Pontificatus nostri anno vjto.

RATIFICACIO *collacionis juris patronatus in ecclesia de Kyrkeby.*
Universis &c. Salutem in domino. Quum pia facta fidelium digno favore sunt persequenda, Noveritis quod nos collacionem dilecti filii Philippi de Kynton', quam super advocacione ecclesie de Kirkeby fecit dilectis filiis in Christo fratribus novi hospitalis de Teuelesford in honore S. Johannis et S. Radegundis fundati, et eorum successoribus imperpetuum ibidem regulariter servituris, ratam et gratam habemus, et eam, sicut racionabiliter eis facta est, autoritate episcopali confirmamus. Salvis in omnibus, &c. Hiis testibus R. de Bristoll' capellano, P. de Bathon' canonic' de Lincoln', Magistro Roberto de Grauel', Magistro R. de Tingehurst, R. de Bohun, Stephano de Cicestr', et aliis. Dat' per manum Magistri Reginaldi de Cestr' apud Kyldeby, Non. Augusti pontificatus nostri anno vj°.

CAPELLA DE TATENHOU.
Omnibus Christi fidelibus &c. Ad universitatis vestre noticiam volumus pervenire nos de assensu Capituli nostri Lincoln' divine pietatis intuitu concessisse et dedisse dilectis in Christo filiis Abbati et Canonicis de Lavenden Capellam de Tatenhou cum omnibus pertinenciis suis in proprios usus imperpetuum habendam et tenendam, ipsamque eis auctoritate episcopali confirmamus: salvis in omnibus episcopalibus consuetudinibus et Lincoln' ecclesie dignitate. In hujus igitur rei robur et testimonium huic scripto sigillum nostrum est appositum. Hiis testibus Rogero de Bristoll' capellano

et ceteris ut supra in carta proxima. Dat' per manum Magistri Reginaldi de Cestr' apud Kyldeby octavo idus Augusti pontificatus nostri anno sexto.

TRES MARCAS *in ecclesia Omnium SS. Oxon'.*
Universis Christi fidelibus &c. Noverit universitas vestra nos de assensu Capituli nostri Lincoln' divine pietatis intuitu concessisse et dedisse et presenti carta nostra confirmasse dilectis in Christo filiis Priori et Conventui S. Frethewithe Oxon' tres marcas annuas in ecclesia Omnium Sanctorum Oxon' nomine perpetui beneficii percipiendas. Salvis in omnibus &c. In hujus igitur rei robur et testimonium sigillum nostrum et sigillum capituli nostri Linc' huic scripto sunt apposita. Testibus Roberto de Heiles archidiacono Huntindon', Magistro Reginaldo de Cestr' et ceteris ut supra in carta proxima. Dat' per manum Willielmi de Tornac' Archidiaconi Stowe apud Oxon' quintodecimo kal' Septembris pontificatus nostri anno vj°.

RATIFICACIO *collacionis advocacionis ecclesie de Stainton (?)*
Universis sancte matris &c. Quum pia fidelium facta digno sunt persequenda favore, noveritis nos collacionem dilecti filii Galfridi de Nevill', quam super advocacione ecclesie de Stainton domui religiose de Tupesholm fecit et canonicis ibidem deo servientibus et imperpetuum regulariter servituris, ratam et gratam habere, eam que, sicut racionabiliter facta est, eis auctoritate episcopali confirmamus. Salvis in omnibus &c. Quod ut perpetuam &c. Hiis Testibus Will' de Tornaco archidiacono Stowe, Magistro R. de Cestr', R. de Bristoll' capellano, Magistro Waltero de Well', P. de Bath', canonicis Linc', Magistris R. de Grauel' et W. de Staveneby, Petro de Wilton', R. de Bohun, Stephano de Cic' et aliis. Dat' per manum Roberti de Heill' archidiaconi Huntindon' apud Oxon' duodecimo kal. Septembris pontificatus nostri anno vj°.

IIJ MARCAS *in ecclesia de Riston.*
Universis &c. Noverit universitas vestra vos de assensu Capituli nostri Linc' divine pietatis intuitu concessisse et dedisse et presenti carta nostra confirmasse dilectis in Christo filiis Priori et Conventui de Wirksop decetero tres marcas annuas in ecclesia de Riston nomine perpetui beneficii imperpetuum percipiendas, de qua prius tantum unam marcam percipere consueverunt. Salvis in omnibus &c. In hujus igitur rei robur et testimonium sigillum nostrum et sigillum Capituli nostri Linc' huic scripto sunt apposita. Hiis Testibus Rogero Decano Linc'; Reimundo Leirc', Roberto Norhampt', Alexandro Bedeford', Johanne Oxon', Roberto Hunt', archidiaconis; Magistris R. de Cestr' et W. de Well', Rogero de Bristoll' et Thoma Fiskerton capellanis, Petro de Bath' canon' Linc'; Magistris R. de Grauel', W. de Staueneby, R. de Tingherst et Stephano de Cic' et aliis. Dat' per manum W. de Tornac' [*fo.* 24^b] archidiaconi Stowe apud Vetus Templum London' quinto kal. Septembris pontificatus nostri anno vj°.

PRESTON.
Universis &c. Noverit universitas vestra nos de assensu Capituli nostri Linc' divine pietatis intuitu concessisse et dedisse et hac carta nostra confirmasse dilectis in Christo filiis priori et conventui S. Andree de Norhampton' ecclesiam de Preston' in usus proprios convertendam salva vicaria perpetua quam constituimus in eadem. Salvis eciam in omnibus &c. *Ordinacio vicarie ejusdem.* Consistit autem dicta vicaria in altaragio ejusdem ecclesie et in manso aliaque terra tota ad eandem ecclesiam pertinente : ita quod dictus prior et conventus quoddam horreum in parte quadam ipsius mansi habeant ad bladum suum in eo singulis annis reponendum. In hujus autem rei &c. Testibus &c. ut supra in carta proxima, exceptis Magistris W. de Welles et W. de Stauneby. Dat' ut in carta proxima precedenti.

MESSEWORTH.
Universis &c. Ad universitatis vestre noticiam volumus provenire nos divine pietatis intuitu de assensu Capituli Linc' ecclesie concessisse et hac presenti carta nostra confirmasse dilectis in Christo filiis Priori et Canonicis de Caldewell ecclesie de Messeworth patronis omnes decimas bladi ad eandem ecclesiam pertinentes post decessum vel cessionem dilecti filii Magistri Ricardi de Tingherst in usus proprios convertendas.

ORDINACIO *vicarie ejusdem.*
Salva vicario qui in eadem ecclesia institutus fuerit tercia parte decimarum de garbis de dominico domini Turstani Basset et toto altaragio et tota terra ad eandem ecclesiam pertinente preter quatuor acras quas predicti Prior et Canonici in loco competenti ad inedificandum volumus assignari. Idem autem vicarius ibidem in officio sacerdotali ministrabit et onera episcopalia sustinebit. Salvis eciam in omnibus &c. Et ut hec nostra concessio perpetuam obtineat firmitatem presenti scripto sigillum nostrum una cum sigillo ejusdem Capituli est appositum. Testibus &c. Dat' &c., ut supra in carta prioris et conventus de Riston'.

XIJ MARCAS *in ecclesia de Toft.*
Universis &c. Noverit universitas vestra nos de assensu Capituli nostri Linc' divine pietatis intuitu concessisse et dedisse et presenti carta nostra confirmasse dilectis in Christo filiis Priori et conventui de Friston duodecim marcas annuas in ecclesia de Toft decetero nomine perpetui beneficii percipiendas per manus Petri de Bath' persone ejusdem ecclesie et successorum suorum de qua prius tantum sex marcas percipere consueverunt. Salvis in omnibus &c. In hujus igitur rei robur et testimonium sigillum nostrum et sigillum Capituli nostri Linc' huic scripto sunt apposita. Testibus ut supra in carta proxima, excepto Petro de Bathon'. Dat' ut supra in carta proxima.

XIJ*. DE ECCLESIA *Omnium SS. de Bedeford'*.

Universis &c. Noverit universitas vestra nos de assensu Capituli nostri Linc' divine pietatis intuitu dedisse concessisse et presenti carta nostra confirmasse Priori et Canonicis de Newenham duodecim solidos de ecclesia Omnium Sanctorum de Bedeford' nomine perpetui beneficii annuatim percipiendos. Salvis in omnibus &c. Quod ut ratum permaneat imperpetuum presenti scripto et sigilli nostri apposicione duximus roborandum. Hiis Testibus, Rogero decano Linc', Rob. de Norhampton', Reimundo Leirc', Alex. Bedeford', Rob. Hunt', archidiaconis; Magistris R. de Cestr' et W. de Well', Thoma de Fiskerton et P. de Bath', canon' Linc'; Magistris R. de Grauel', Thoma offic' Norhampt', Will. de Brancewell, Simone de Elnestow', et aliis. Dat' per manum Magistri Willielmi de Tornac' archidiaconi Stowe apud Vetus Templum London' quarto kalend' Septembris pontificatus nostri anno vj°.

RATIFICACIO BISSEMADE.

Universis &c. Noverit universitas vestra nos inspexisse confirmacionem predecessoris nostri Hugonis Linc' in hec verba. Omnibus Christi fidelibus ad quos presens scriptum pervenerit Hugo dei gratia Linc' Episcopus Salutem in domino. Ad universitatis vestre noticiam volumus pervenire nos ratam et gratam habere donacionem quam fecit dilectus filius noster Hugo filius Oliveri de Bello Campo deo et S. Marie et Willielmo de Colmorth' et illis qui cum eo in habitu religionis deserviunt et imperpetuum servituri sunt in parochia de Eton' locum de Bissemad' et tantum bosci et terre quantum continetur a torrente Bleisword de parco Hugonis ipsius juxta fossatum Simonis de Pateshull in longitudine usque ad Lufmaresweiam et in latitudine usque ad fossatum Willielmi Dauen'sis: similiter et unam viam juxta Torrentem que fluit inter parcum et Bleisword usque ad terram [*fo.* 25ᵃ.] Reginaldi filii Goseberti Dec [*ani*] : aliam eciam viam scilicet a bosco supradicti Willielmi capellani et fratrum loci illius inter terram Willielmi Dauensis et Reginaldi de Baa usque ad forensem (?) boscum. Concessionem eciam quam fecit predictus Hugo de Bello Campo prefato loco de Bissemed' et fratribus ibidem deo servientibus et servituris videlicet communia pascua per omne dominicum prefati Hugonis, primam eciam moturam post illud quod sursum inventum fuerit. Hec omnia sicut prenominata sunt et prefato loco a supradicto Hugone de Bello Campo collata et concessa presenti scripto et sigilli nostri patrocinio confirmamus. Testibus Ricardo de Salewescliue, Gilberto de Rowell, canonicis, et aliis. Sic igitur hec supradicta eis a predecessoribus nostris Hugone bone memorie et Willielmo bone memorie Linc' ecclesie Episcopis racionabiliter confirmata sunt. Ita dilecto filio Josep priori et successoribus suis canonice substituendis et canonicis ibidem deo servientibus et imperpetuum servituris eadem omnia et si qua postmodo adepti vel in futurum sunt adepturi auctoritate qua fungimur confirmamus. Hiis Testibus Roberto archidiacono Hunt'; Magistro Reginaldo de Cestr', Rogero capellano, Petro de Bath', canon' Linc'; Magistro Ricardo de Tinghurst, Petro de Wilton, Rogero de Bohun, Stephano de Cicestr', et aliis. Dat' per manum Willielmi de Tornac' archidiaconi Stowe apud Meidestan tercio kalend' Septembris pontificatus nostri anno vj°.

THOUFELD.
Universis &c. Noverit universitas vestra nos de assensu Capituli nostri Linc' divine pietatis intuitu concessisse et dedisse et presenti carta nostra confirmasse dilectis in Christo filiabus Priorisse et Conventui de Garing ecclesiam de Toufeld que de earum advocacione est totam in usus proprios ad se vestiendum convertendam et imperpetuum possidendam. Salva perpetua vicaria quinque marcarum vicario qui in eadem ecclesia in propria persona ministrabit. Salvis eciam in omnibus &c. In hujus igitur rei robur et testimonium sigillum nostrum et sigillum Capituli nostri Linc' huic scripto sunt apposita. Testibus ut supra in carta proxima adiecto h^1 Magistro R. de Grauel'. Dat' per manum Willielmi de Tornac' archd' Stowe apud Cant' kal. Septembris pontificatus nostri anno vj°.

BUREFORD.
Universis &c. Ad universitatis vestre noticiam volumus pervenire nos de assensu Rogeri decani et Capituli Linc' ecclesie divine pietatis intuitu concessisse dilectis filiis Abbati et conventui de Keinesham omnes decimas et solas garbarum bladi ecclesie de Bureford et capelle de Fulobroc cum mesuagio matricis ecclesie quod ad personam pertinet in proprios usus convertendas et imperpetuum possidendas.

ORDINACIO *vicarie ejusdem.*
Ad perpetuam vero vicariam tota terra ecclesie et capello predicte et mesuagium ad perpetuam vicariam pertinens et omnia alia tam ad matricem ecclesiam quam ad capellam pertinencia exceptis predictis garbarum decimis et mesuagio imperpetuum pertinebunt assignanda usibus perpetui vicarii qui ad presentacionem eorundem Abbatis et Conventus in predictis ecclesia et capella ministraturus et diocesano episcopo fuerit institutus. Salvis in omnibus &c. Et ut hec concessio nostra perpetuam obtineat firmitatem eam presenti scripto et sigilli nostri apposicione duximus confirmari. Ad quam eciam corroborandam Capitulum Linc' ecclesie sigillum suum fecit appendi. Hiis Testibus, Domino Joscel' Bath' Episcopo et Glaston', Rogero decano Linc', Johanne Oxon', Roberto Huntind' archidiaconis, et testibus aliis supra in carta proxima prenotatis. Dat' per manum W. de Tornac' archidiaconi Stowe apud Meidestan pridie kal. Septembris pontificatus nostri anno sexto.

ADVOCACIO BOTEND'.
Omnibus Christi fidelibus &c. Noverit universitas vestra quod Robertus de Botend' miles in nostra presencia constitutus confessus est se dedisse pro salute anime sue et suorum et carta sua confirmasse Priori et Canonicis de Chaucumb' jus advocacionis in medietate ecclesie de Botend' et eidem priori cartam super hoc confectam in presencia nostra sponte liberavit. Nos igitur predictam advocacionem coram nobis eis collatam et concessam auctoritate episcopali confirmavimus. Quod ut ratum et stabile perservet presens scriptum sigilli nostri munimine roboravimus. Hiis Testibus, Magistris Reginaldo de Cestr' et R. de Grauel', Thoma de Fiskerton canon' Linc', Magistris Nicholao de Evesham et Ricardo de Tinghurst, Radulpho de Chenduit clerico, Willielmo de Ferendon', Simone de Cropper', Rogero de Leonibus [*fo.* 25^b] Ricardo de Clifton, Radulpho de Chaucumb' clerico, Stephano de Cicestr', et aliis. Dat' per manum Willielmi de Tornac' archidiaconi Stowe apud Bannebir' ix kal. Septembris pontificatus nostri anno octavo.

DONACIO *advocacionis ecclesie de St^{a}tford.*
Universis &c. Quum pia facta fidelium digno sunt prosequenda favore, noveritis quod nos collacionem dilecti filii Willielmi de St^{a}tford quam super advocacione ecclesie de St^{a}tford domui religiose de Luffeld fecit et monachis ibidem deo servientibus et imperpetuum regulariter servituris ratam et gratam habemus, et eam sicut racionabiliter facta est eis auctoritate episcopali confirmamus. Salvis in omnibus &c. Quod ut perpetuam &c. Hiis Testibus, Thoma de Fiskerton capellano, Magistro Roberto de Grauel' canon' Linc', Radulpho de Wareuill', Willielmo de Keinesham canon' Well', Stephano de Cic', et aliis. Dat' per manum Petri de Bath' canonici Linc' apud Kildeby ix kal. Octobris pontificatus nostri anno octavo.

APPROPRIACIO *ecclesie de Berton' et capelle de Sanford'.*
Omnibus Christi fidelibus &c. Attendentes relligionem et honestam conversacionem dilectorum filiorum Abbatis et canonicorum de Osen' divine pietatis intuitu decrevimus eis de assensu Decani et Capituli Linc' ecclesiam de Berton' cum pertinenciis cujus advocacionem habent ex dono Rogeri de Sancto Johanne ejusdem ecclesie patroni in usus proprios ad sustentacionem pauperum et peregrinorum concedere et episcopali auctoritate confirmare. Verum quia quidam dicebant ecclesiam de Sandford' matricem esse ecclesiam alii vero asserebant eam esse capellam ad ecclesiam de Berton' pertinentem volentes super hiis plenius certificari inquisicionem fieri fecimus exinde diligentem per Archidiaconum loci et per viros fidedignos in capitulo qui omnes jurati sub debito juramenti sui asseruerunt ipsam esse pertinentem tamquam

capellam ad ecclesiam de Berton' sed tamen tamquam matricem
ecclesiam invenimus eam de omnibus oneribus et consuetudinibus
episcopalibus et archidiaconalibus respondentem. Unde habito
consensu Decani et capituli nostri de consilio virorum prudentum
predictam ecclesiam de Berton' cum capella de Sanford' et aliis
pertinenciis suis predicto abbati et conventui imperpetuum concessimus in proprios usus ad sustentacionem hospitalitatis memorate
convertendam. Salvis episcopalibus et archidiaconalibus consuetudinibus de predicta capella de Sandford' tamquam de ecclesia matrice
ut prediximus. Salvo (*sic*) eciam Williemo de S. Johanne persone
ecclesie de Berton' et de Sandford' pacifica poosessione sua quoad
vixerit.

ORDINACIO *vicarie de Berton'*.
Statuimus autem quod post decessum predicte persone capellanus
idoneus nobis et successoribus nostris ad perpetuam vicariam ecclesie
de Berton' ab abbate et conventu presentetur qui percipiet nomine
perpetue vicarie totum altaragium ejusdem ecclesie cum dimidia hida
terre ad eandem ecclesiam pertinente et cum domo quam Thomas
senex tenet.

ORDINACIO *vicarie . . . . capelle de Sandford'*.
Ad perpetuam vero vicariam capelle de Sandford' similiter
presentetur nobis et successoribus nostris idoneus capellanus ab
eisdem qui percipiet omnes obvenciones altaris ejusdem capelle cum
minutis decimis et cum quatuor acris et dimidia ad eandem capellam
pertinentibus. Vicarius autem ad quem pertinet officiare capellam
de Ledwell ei faciet prout debet deserviri et percipiet terciam partem
omnium decimarum de Graua pro necessaria sustentacione capellani.
Sustinebunt autem predicti vicarii omnia onera predictarum ecclesie
et capelle de Sandford' episcopalia et archidiaconalia consueta preter
hospicium episcopi et archidiaconi. Ut igitur omnia premissa rata
et inconcussa permaneant eam presenti scripto et sigillo nostro
duximus confirmanda (*sic*). Salvis in omnibus episcopalibus
consuetudinibus et Lincoln' ecclesie dignitate. Hiis Testibus,
Reginaldo de Cestr', subdecano Linc' ecclesie, &c.

IJ⁑ BURTON.
Universis, &c. Noverit universitas vestra nos de consensu
Rogeri decani et capituli nostri Linc' divine pietatis intuitu dedisse
et concessisse dilectis in Christo filiis abbati et conventui de Osen'
duos solidos in ecclesia de Burton' que de eorum advocacione est
annuatim nomine perpetui beneficii percipiendos. Salvis in
omnibus, &c. Et ut hec nostra concessio perpetuam obtineat
firmitatem presenti scripto sigillum nostrum una cum sigillo
predicti capituli nostri Linc' duximus apponendum. Hiis Testibus,

Roberto archidiacono Hunt'; Hugone de S. Edwardo, Magistro Willielmo fil' Fulconis, Magistro Adā de S. Edmundo, Thoma de Fiskerton, et Rogero de Bristoll' capellanis, Magistro Waltero de Well' canonic' Linc', Magistro Theob', et aliis. Dat' per manum W. de Tornac' archidiaconi Stowe in capitulo Linc' [*fo.* 26ᵃ] apud Linc' vⁿᵗᵒ. kal. Januarii pontificatus nostri anno nono.

IJ MARC' ESINDON'.

Universis, &c. Noverit universitas vestra nos de consensu Rogeri decani et capituli nostri Linc' divine pietatis [*intuitu*] dedisse et concessisse dilectis in Christo filiabus abbatisse et conventui Godestow' duas marcas in ecclesia de Esindon' que de earum advocacione est annuatim nomine perpetui beneficii percipiendas per manum Willielmi de Cennor' persone illius ecclesie et successorum suorum qui pro tempore fuerint instituti in eadem. Salvis in omnibus, &c. Et ut hec nostra concessio, &c. Hiis Testibus Rogero decano et aliis ut supra carta proxima. Dat' per manum ejusdem eadem die et loco pontificatus nostri anno ix°.

J MARC' MEDIET' BOTINDON'.

Universis, &c. Noverit universitas vestra nos de consensu Rogeri decani et capituli nostri Linc' divine pietatis intuitu dedisse et concessisse dilectis in Christo filiis priori et conventui de Chaucumb' unam marcam in medietate ecclesie de Botindon que est de eorum advocacione annuatim nomine perpetui beneficii percipiendam per manum Rogeri capellani persone ejusdem medietatis et successorum suorum qui pro tempore instituti fuerint in eadem. Salvis in omnibus, &c. Et ut hec nostra concessio, &c. Testibus ut supra carta proxima. Dat' per manum ejusdem eadem die et loco pontificatus nostri anno ix°.

IJ MARC' BARTHON'.

Universis, &c. Noverit universitas vestra nos de consensu Rogeri decani et capituli nostri Linc' divine pietatis intuitu dedisse et concessisse dilectis in Christo filiabus abbatisse et conventui S. Marie de Prato Norhampton' duas marcas in ecclesia de Barthon' que de earum advocacione est annuatim nomine perpetui beneficii percipiendas per manum Petri persone illius ecclesie et successorum suorum qui pro tempore instituti fuerint in eadem. Salvis in omnibus, &c. Et ut hec nostra concessio, &c. Testibus, Dat', &c., ut supra carta tercia.

APPROPRIACIO *Godeshulle cum ordinacione vicarie ejusdem.*

Universis &c. Noverit universitas vestra nos concessisse et presenti carta nostra confirmasse de consensu Decani et Capituli nostri Linc' dilectis in Christo filiabus Abbatisse et conventui de Godestow' medietatem ecclesie de Godeshull' quam prius habuerunt in proprios usus habendam et imperpetuum possidendam. Salva vicaria in eadem medietate per nos assignata que consistit tum in toto prato tum in terra tum in mesuagio et altaragio ejusdem medietatis ad quam ad earum presentacionem Johannem de Mildecumbe capellanum perpetuum vicarium admisimus. Debebunt autem predicta Abbatissa et conventus nobis et successoribus nostris ad eandem vicariam cum vacaverit capellanum idoneum presentare. Salvis in omnibus &c. Et ut hec nostra concessio &c. Testibus Dat' &c. ut supra carta quarta.

XX^{s.} NORTHBURG.

Universis &c. Noverit universitas vestra nos de assensu Rogeri Decani et Capituli nostri Linc' divine pietatis intuitu dedisse et concessisse dilectis in Christo filiis Abbati et Conventui S. Marie de prato Leirc' xx solidos de ecclesia de Northburg' post decessum Johannis persone illius ecclesie annuatim nomine perpetui beneficii percipiendos per manus illius qui pro tempore institutus fuerit in eadem; ipso Johanne solvente eis tantum duodecim denarios per annum quoad vixerit. Dedimus eciam et concessimus de consensu predicti Decani et Capituli nostri Linc' eisdem Abbati et conventui de ecclesia de Cotes xx solidos post decessum Magistri Stephani de Manecestr' persone illius ecclesie annuatim nomine perpetui beneficii percipiendos per manus ipsius qui pro tempore institutus fuerit in eadem; ipso Magistro Stephano eis solvente tantum dimidiam marcam per annum quoad vixerit. Salvis in omnibus &c. Et ut hec nostra concessio &c. Testibus et Dat' ut in carta quinta precedenti.

YNEBIR.

Universis &c. Noverit universitas vestra nos de consensu Rogeri decani et Capituli nostri Linc' divine pietatis intuitu dedisse et presenti carta confirmasse dilectis in Christo filiabus Priorisse et Conventui de Parva Merlauia ad concessionem dominorum de Ynebir decimas de dominico de Ynebir in proprios usus habendas et imperpetuum possidendas, quas iidem domini dederunt et dare consueverunt cuicunque vellent sine prejudicio alicujus ecclesie sicut per inquisicionem in capitulo loci diligenter factam perpendimus evidenter. Salvis in omnibus &c. Et ut hec nostra confirmacio. [*Fo.* 26^b] Testibus, et Dat', ut supra in carta septima.

APPROPRIACIO *medietatis ecclesie de Torneya et ordinacio ejusdem.*

Universis &c. Noverit universitas vestra nos, de assensu Rogeri Decani et Capituli Linc', divine pietatis intuitu, dedisse et concessisse Priori et Conventui Sancti Neoti, nomine perpetui beneficii, medietatem ecclesie de Torneia, que de eorum est advocacione, in forma subscripta; videlicet quod habeant et teneant in proprios usus imperpetuum totam decimam garbarum de dominicis Hugonis de Alneto et Willielmi le Mansel, et omnes minutas decimas de curia dicti prioris in eadem villa, et medietatem garbarum totius residui ejusdem parochie, cum tenementis Willielmi de Alno, Ricardi Bigebon, et Heruei et Sailde, cum serviciis eorundem. Reliquam vero medietatem ejusdem ecclesie Ricardus de Wicstun clericus, quem ad eorum presentacionem ad eandem medietatem admisimus et in ea personam instituimus, et successores sui nobis et successoribus nostris a predicto priore et conventu S. Neoti semper quociens ipsa medietas vacaverit presentandi et canonice instituendi, integre et perpetuo possidebunt. Que quidem medietas consistit in tota alia medietate garbarum parochie, et in toto altaragio, et in tenemento Willielmi Monachi et Turbni et Hugonis Sutoris cúm serviciis eorundem. Mesuagium eciam cum gardino quod Magister Guarinus tenuit de dominico S. Neoti, sicut muro et fossato includitur, concesserunt dictus prior et conventus predicto Ricardo et successoribus suis imperpetuum possidenda. Preterea decimam molendinorum ipsius parochie et insuper quecunque deinceps adquirere potuerit, tamquam jus et pertinencias ecclesie memorate, inter se plene et fideliter dimidiabunt, et omnia onera tam episcopalia et archidiaconalia quam alia quilibet pro porcione sua equaliter sustinebunt. Salvis in omnibus &c. Et ut hec nostra concessio &c. Testibus et Dat' ut supra in carta viij^a. pontificatus nostri anno nono.

C^s. IN ECCLESIA DE DONINGTON'.

Universis &c. Noverit universitas vestra nos de assensu Rogeri Decani et Capituli nostri Linc' divine pietatis intuitu dedisse et concessisse dilectis in Christo filiis priori et conventui de Trentham centum solidos in ecclesia de Dunington' que de eorum est advocacione annuatim nomine perpetui beneficii percipiendos per manus Salom' capellani quem ad presentacionem eorundem prioris et conventus ad eandem ecclesiam admisimus et in ea personam instituimus, et successorum suorum qui pro tempore instituti fuerint in eadem. Debet autem idem Sampson (*sic*) et successores sui omnia onera tam episcopalia quam archidiaconalia illius ecclesie sustinere. Salvis in omnibus &c. Et ut hec concessio nostra &c. Testibus et Dat' ut supra in carta nona, anno nono.

J AUREUS *in medietate ecclesie de Beseby*.

Universis &c. Noverit universitas vestra nos de cónsensu Rogeri Decani et Capituli Linc' divine pietatis intuitu dedisse et concessisse dilectis in Christo filiis Priori et Conventui de Markeby unum aureum in medietate ecclesie de Beseby, que medietas de eorum advocacione est, nomine perpetui beneficii singulis annis in festo S. Michaelis percipiendum per manus Thome de Norton capellani persone illius ecclesie et successorum suorum qui ad communem presentacionem dictorum prioris et conventus et dilectarum in Christo filiarum priorisse et conventus de Grenefeld in tota ecclesia pro tempore fuerint instituti. Salvis in omnibus &c. Et ut hec nostra concessio &c. Testibus et Dat' ut supra in carta decima, anno ix°.

J AUREUS *in altera medietate ejusdem.*
Universis &c. Noverit universitas vestra nos de consensu Rogeri Decani et Capituli nostri Linc' divine pietatis intuitu dedisse et concessisse dilectis in Christo filiabus priorisse et conventui Monialium de Grenefeld unum aureum in medietate ecclesie de Beseby, que medietas de earum advocacione est, nomine perpetui beneficii singulis annis in festo S. Michaelis percipiendum per manus Thome de Norton capellani persone illius ecclesie et successorum suorum qui ad communem presentacionem dictarum priorisse et monialium et dilectorum in Christo filiorum prioris et conventus de Markeby in tota ecclesia pro tempore fuerint instituti. Salvis in omnibus, &c. Et ut hec nostra concessio, &c. Testibus et Dat' ut supra in carta decima.

ADVOCACIO WILLINGEHAM.
Universis &c. Quum pia facta fidelium digno sunt prosequenda favore, Noveritis quod nos collacionem dilecti filii Johannis de Fontineto quam super advocacione ecclesie de Willingeham cum omnibus pertinenciis suis in [*fo.* 27ᵃ] puram et perpetuam elemosinam domui religiose de Fosse extra Torkeseiam fecit, et Monialibus ibidem deo servientibus et imperpetuum regulariter servituris, quam eciam Robertus Marin senior et post modum Robertus filius ejus tamquam capitales domini feodi eis confirmaverunt, ratam et gratam habemus, eamque sicut racionabiliter facta est eis auctoritate episcopali confirmamus. Salvis in omnibus &c. Quod ut perpetuam obtineat firmitatem presenti scripto et sigilli nostri apposicione duximus roborandum. Hiis testibus Rogero Decano, Rogero Cancellario Linc', Thoma de Fiskerton' et Rogero de Bristoll' capellanis canon' Linc', Magistris W. de Linc', Theob' de Cancia et Petro de Bath' canon' Linc', Ricardo de Oxon', Stephano de Cicestr' et Olivero de Chesney clericis, et aliis. Dat' per manum Willielmi de Thornac' Archid' Stowe, apud Lafford v Idus Februarii pontificatus nostri anno ix°.

ORDINACIO *vicarie de Bilingburgh.*
Omnibus &c. Noverit universitas vestra quod dilectus in Christo filius Magister Reginaldus de Cestr' Officialis noster dum essemus in partibus transmarinis auctoritate ei a nobis concessa et commissa ordinandi et provisionem faciendi in ecclesia de Bilingburgh

et instituendi vicarium perpetuum in eadem talem in ea vice nostra fecit ordinacionem et provisionem, videlicet quod vicarius in eadem ecclesia perpetuo ministraturus qui curam habebit animarum habeat totum altaragium et totam terram ad eandem ecclesiam pertinentem cum domibus et aliis pertinenciis omnibus et libertatibus suis in pratis pascuis pasturis et turbariis qui residenciam in eadem ecclesia faciet et in propria persona in officio sacerdotali ministrabit. Moniales vero domus de Semplingeham integre percipient decimas garbarum ejusdem parochie et sinodalia solvent hospicium Archdiacono facient et omnia alia onera ejusdem ecclesie sustinebunt. Juxta quam provisionem idem Officialis noster ad presentacionem G. prioris ordinis de Semplingeham et ejusdem loci conventus factam per Nicholaum canonicum ejusdem domus ad hoc procuratorem destinatum ad vicariam prenominatam Robertum de Ouneby capellanum admisit et ipsum in eadem vicarium perpetuum instituit dictumque fratrem Nicholaum tamquam predicte domus procuratorem ad porcionem que dictas Moniales ut predictum est contingit admisit. Nos igitur predictam provisionem et ordinacionem in eadem ecclesia de Bilingburg a predicto Officiali nostro factam ratam habentes et gratam eam auctoritate episcopali confirmamus. Salvis in omnibus &c. Hiis Testibus Thoma de Fiskerton' capellano, Petro de Bathon' canon' Linc', Magistris W. de Linc' T. de Cantia et Ric. de Tinghurst, Olivero de Chedney (sic) et Stephano de Cic'. Dat' per manus W. de Tornac' Archidiaconi Stowe apud Lafford' xv kal. Marcij pontificatus nostri anno ix°.

ORDINACIO *in v partibus ecclesie de Amewic.*
Omnibus &c. Noverit universitas vestra quod dilectus in Christo filius Magister Reginaldus de Cestr' Officialis noster dum essemus in partibus transmarinis auctoritate ei a nobis concessa et commissa ordinandi et provisionem faciendi in v partibus ecclesie de Amewic et instituendi vicarium perpetuum in eisdem, salva Roberto le Simple clerico sexta parte illius ecclesie quam habet, talem vice nostra fecit provisionem et ordinacionem videlicet quod vicarius perpetuus racione predicte porcionis in eadem ecclesia ministraturus habebit totum altaragium v partium illius ecclesie, oblaciones et obvenciones omnes. Preterea decimas garbarum de toto dominico ejusdem ville et decimas unius bovate terre quam Fulco tenuit. Habebit eciam totam terram spectantem ad v partes ejusdem ecclesie cum pratis pascuis et pasturis et turbariis et omnibus aliis pertinenciis et libertatibus suis. Prior autem et Canonici et Moniales de Haverholm totum residuum in decimis garbarum integre percipient ad potum suum. Providebunt eciam competenter ecclesie predicte in libris et ornamentis cum necesse fuerit et in fabrica cancelli sustinenda hospicium Archidiacono facient et omnia alia onera sustinebunt preter sinodalia que tantum vicarius solvet annuatim.

Juxta quam provisionem idem Officialis noster ad presentacionem dictorum prioris et Canonicorum et Monialium Gerardum capellanum ad predictam vicariam v partium ecclesie de Amcwic admisit ipsumque in eadem vicarium perpetuum instituit dictumque priorem et conventum de Haverholm' ad porcionem que ipsos sicut in ordinacione premissum est contingit admisit. Nos igitur predictam provisionem et ordinacionem in predictis v partibus ecclesie memorate de A[fo. 27b]meswic (sic) a predicto Officiali nostro factam ratam habentes et gratam eam auctoritate episcopali confirmamus. Salvis in omnibus &c. Hiis Testibus Thoma de Fiskerton capellano canonico Linc', Magistro Willielmo de Linc', Stephano de Cic', Ricardo de Oxon' et Olivero de Chesney clericis et aliis. Dat' per manus W. Archidiaconi Stowe apud Lafford', iiij^{to}. non. Marcij pontificatus nostri anno nono.

IJs. **DE MEDIETATE** *ecclesie de Alethorp.*
Universis &c. Noverit universitas vestra nos de assensu R. Decani et Capituli nostri Linc' divine pietatis intuitu dedisse et concessisse domui hospitalis S. Petri de Ebor' duos solidos in medietate ecclesie de Alethorp que de eorum est advocacione annuatim nomine perpetui beneficii percipiendos per manus Ade persone ejusdem medictatis et successorum suorum qui pro tempore fuerint in eadem. Salvis in omnibus &c. Et ut hec nostra concessio perpetuam obtineat firmitatem presenti scripto sigillum nostrum una cum sigillo Capituli Linc' duximus apponendum. Hiis Testibus R. Decano, Galfrido Precentore, Rogero Cancellario, Reginaldo Subdecano, Rob. de Northampton, Reimundo Loirc', Alex. Bedeford, Johanne Oxon', Willielmo Buck', et aliis, ut supra in carta xiiij^a. Dat' per manus Willielmi Archidiaconi Stowe in Capitulo Linc' apud Lincolniam v kal. Januarii pontificatus nostri anno ix^o.

MEDIETAS *ecclesie de Stokes. Ordinacio alterius medietatis ejusdem.*
Universis &c. Noverit universitas vestra nos de assensu Rogeri Decani et capituli nostri Linc' divine pietatis intuitu dedisse et concessisse Priori et conventui de Huntindon' nomine perpetui beneficii medietatem ecclesie de Stokes que de eorum est advocacione in proprios usus imperpetuum possidendam. Reliquam vero medietatem illius ecclesie Ricardus capellanus quem ad presentacionem eorum ad ipsam admisimus et in ea personam instituimus et successores sui qui in eadem ecclesia in propriis personis ministrabunt nobis et successoribus nostris a predicto priore et conventu quociens ipsa medietas vacaverit similiter presentandi et canonice instituendi integre et perpetuo possidebunt. Particio autem dicte ecclesie sub tali forma facta est : scilicet quod persone ministrantes in eadem percipient totum altaragium cum minutis decimis et cum

curia et cum virgata terre et dimidia ad dictam ecclesiam pertinentibus similiter cum terra quam Ricardus Maufras tenuit de W. quondam persona dicte ecclesie. Canonici vero habebunt aliam curiam ecclesie cum mesuagio unius rode terre quod Hugo de Crawl' tenuit et in recompensacionem altaragii et minutarum decimarum et terre et curie ad personas pertinencium percipient ipsi canonici decimas garbarum de toto feodo Roberti de Saucey quod habet in Ykele. Omnes autem decimas garbarum ad predictam ecclesiam pertinentes preter quam decimas predictas de feodo Roberti de Sawcey quod habet in Ykele predicti prior et conventus et persona et successores sui inter se plene et fideliter dimidiabunt. In super quecunque deinceps adquirere poterunt tamquam jus et pertinencias ecclesie memorate inter se similiter dimidiantes. De oneribus vero dicte ecclesie ita provisum est quod persone successive in ea instituende tres solidos annuos pro sinodalibus solvent. Cetera vero onera tam archidiaconalia quam alia ad dictam ecclesiam spectancia dicti Canonici et persone equaliter sustinebunt. Salvis in omnibus &c. Et ut hec nostra concessio &c. Testibus et Dat' ut supra carta proxima.

IIJ MARC' *de ecclesia de Germundethorp'.*
Universis &c. Noverit universitas vestra nos de assensu Rogeri Decani et Capituli nostri Linc' divine pietatis intuitu dedisse et concessisse dilectis in Christo filiabus Priorisse et Conventui Monialium de Alvingeham ordinis de Sempingeham tres marcas de ecclesia de Germundthorp post decessum dilecti in Christo filii Radulfi de Waravill' persone illius ecclesie que de earum est advocacione annuatim nomine perpetui ad pitanciam earundem Monialium percipiendas in festo S. Michaelis per manus ipsius qui pro tempore fuerit institutus in eadem. Salvis in omnibus &c. Et ut hec concessio nostra &c. Testibus Rogero Decano et aliis ut supra in carta canonicorum de Huntindon' super medietato ecclesie de Stok' exceptis his R. Norhampt', et J. Oxon' W. Buck' et R. Huntind' archidiaconis, et adjectis J. de Ebor', P. de Bath', et Magistro W. de Linc'. Dat' per manus W. de Tornac' Archidiaconi Stowe apud Linc' in capitulo Lincoln' xviij kal. Julij pontificatus nostri anno ix°.

[*Fo.* 28ᵃ].
Omnibus Christi fidelibus &c. Noverit universitas vestra &c. ut supra in carta vicarij de Amewic usque ratam habentes et gratam de assensu Rogeri Decani et Capituli nostri Linc' eam auctoritate episcopali confirmavimus et presenti carte sigillum nostrum una cum sigillo predicti Capituli nostri Linc' duximus apponendum. Salvis in omnibus &c. Testibus Rogero Decano, G. Precentore, Rogero Cancellario, H. de S. Edwardo, Magistris W. fil' Fulc' et A. de S. Edmundo, R. de Bristoll', et aliis ut in predicta carta vicarij predicti, et Dat' eadem.

THORP (*sic*), *cum ordinacione vicarie in eadem.*

Universis &c. Noverit universitas vestra nos de assensu Rogeri Decani et Capituli nostri Linc' divine pietatis intuitu dedisse et concessisse dilectis in Christo filiis Abbati et conventui S. Jacobi juxta Norhampton' nomine perpetui beneficij in ecclesia de Throp que de eorum est advocacione et in qua prius tantum sex marcas habuerunt totas decimas garbarum xxx^{ta} virgatarum terre de dominico Walteri de Pateshull in eadem villa et medietatem terre arrabilis cum pertinenciis et totum pomarium ex parte occidentali curie ecclesie in qua sua possint edificia construere. Totum vero residuum ejusdem ecclesie Rogerus capellanus quem ad eorundem Abbatis et Canonicorum presentacionem ad ipsam ecclesiam admisimus et personam in ea instituimus et successores sui in predicta ecclesia de Throp in propriis personis ministraturi nobis et successoribus nostris ab Abbate et conventu S. Jacobi semper quociens ipsa vacaverit presentandi et canonice instituendi integre et libere perpetuo possidebunt. Preterea dictus Rogerus capellanus et successores sui persolvent singulis annis Abbati et conventui S. Jacobi quinque solidos qui debentur ab eisdem Abbate et conventu Priori et conventui S. Andree annuatim pro duabus garbis decimarum de quatuor virgatis terre in eadem villa que sunt de dominico hospitalis S. Johannis de Northampton'. Ceterum idem Rogerus et successores sui sinodalia pro ecclesia de Throp debita persolvent. Abbas autem et canonici hospicium Archidiaconi invenient. Salvis in omnibus &c. Et ut hec nostra concessio perpetuam obtineat firmitatem presenti scripto sigillum nostrum una cum sigillo predicti capituli nostri Linc' duximus apponendum. Testibus et Dat', ut supra in carta domus hospitalis S. Petri de Ebor' super duobus solidis in medietate ecclesie de Alethorp.

WROKESTAN.

Universis &c. Noverit universitas vestra quod nos locum in villa de Wrokestan qui dicitur locus S. Marie cum capella in honore Beate Marie ibidem fundata et domos et curiam totam cum virgultis et vivariis et spacio quod continetur infra ambitum muri quod est circa vineam et circa curiam et omnibus infra eandem curiam contentis advocacionem eciam ecclesie parochialis de Wrokestan cum pertinenciis suis que omnia dilectus in Christo filius Magister Michael Belet filius Michaelis Belet Canonicis apud Wrokestan' imperpetuum deo servituris in puram et perpetuam elemosinam contulit, eisdem canonicis sicut ea a predicto Magistro eis juste collata sunt et concessa, auctoritate episcopali confirmamus. Salvis in omnibus &c. Quod ut perpetuam obtineat firmitatem presenti scripto et sigilli nostri duximus apposicione roborandum. Hiis Testibus Thoma de Fiskerton', Petro de Bath', Magistro W. de Well', R. de Bohun, Stephano de Cic' canon' Linc', Magistro Ricardo de Tinghurst et Olivero de Chednet' et aliis. Dat' per manus W. de Tornac' archidiaconi Stowe apud Kildeby v Idus Januarij pontificatus nostri anno ix°.

VIIJ*. IN ECCLESIIS de Sutton' et Westkel'.

Universis &c. Noverit universitas vestra quod nos de assensu Rogeri Decani et Capituli nostri Linc' divine pietatis intuitu dilectis in Christo filiis Abbati et Conventui de Croyland quatuor solidos in ecclesia de Sutton' et alios iiij^{or} solidos in ecclesia de Westkel' quos prius de eisdem ecclesiis annuatim percipere consueverunt auctoritate episcopali confirmavimus. Salvis in omnibus &c. In cujus rei robur et testimonium sigillum nostrum et sigillum predicti Capituli nostri Linc' presenti scripto sunt apposita. Hiis Testibus Rogero Decano, G. Precentore, Rogero Cancellario, J. Archidiacono Bedeford', H. de S. Edwardo, Gilberto de Scaldeburg, Thoma de Fiskerton, R. de Bristol', Magistro R. de Grauel', Waltero Bl'ndo, Stephano de Cic', R. de Waravill', can' Well', Olivero de Chednet' et aliis. Dat' per manus Reginaldi Subdecani apud Lincolniam quarto Non. Decembris pontificatus nostri anno ix°.

IIJ MARC' in ecclesia de Eston' S. Leonardi.

Universis &c. Noverit universitas vestra nos de assensu Rogeri Decani et Capituli nostri Linc' [fo. 28^b] divine pietatis intuitu dedisse et concessisse dilectis in Christo filiis Priori et Conventui de Chaucumb' tres marcas in ecclesia S. Leonardi de Eston' annuatim nomine perpetui beneficii percipiendas per manus Magistri Ade de S. Brigida ejusdem ecclesie persone et successorum suorum qui pro tempore instituti fuerint in eadem. Salvis in omnibus episcopalibus consuetudinibus &c. Et ut hec nostra concessio perpetuam obtineat firmitatem presenti scripto sigillum nostrum una cum sigillo capituli nostri Linc' duximus apponendum. Testibus ut supra in carta proxima apposito hic Magistro Reginaldo sub-decano. Dat' per manus W. de Tornac' archidiaconi Stowe apud Lincolniam Idibus Decembris pontificatus nostri anno nono.

IIJ MARC' de ecclesia de Netelham'.

Universis &c. Noverit universitas vestra nos de consensu Rogeri Decani et Capituli nostri Linc' divine pietatis intuitu presenti carta nostra confirmasse dilectis in Christo filiis Abbati et Conventui S. Ebrulfi antiquam et debitam trium marcarum pensionem de ecclesia de Netelham per manus illius qui pro tempore ecclesiam illam auctoritate episcopali possederit annuatim percipiendas in festo S. Johannis Baptiste quas inde hactenus percipere consueverunt. Salva nobis et successoribus nostris et ecclesie nostre Linc' ejusdem ecclesie de Netelham advocacione in perpetuum. Et ut hec nostra confirmacio perpetuam optineat firmitatem presenti carte sigillum nostrum cum sigillo Capituli nostri Linc' duximus apponendum. Hiis Testibus Rogero Decano, G. Precentore, Rogero cancellario, Reg. subdecano, Willielmo fil' Fulc', Hugone de S. Edwardo, G. de Scardeb', Johanne de Ebor', Ad' de S. Edmundo, Magistris Thoma de Fiskerton', R. de Bristoll', Theob' de Bosell', W. de Aualon', P. de Bath', R. de Bohun, canonicis Linc', Magistris R. de Tinghurst, et O. de Cheinduit clerico, et aliis. Dat' per manus W. de Tornac' archidiaconi Stowe in Capitulo Linc' apud Linc' tercio kal. Februarij pontificatus nostri anno decimo.

QUARTA *pars ecclesie de Kyrketon'*.
Universis &c. Noverit universitas vestra nos de assensu Rogeri Decani et Capituli nostri Linc' concessisse et presenti carta confirmasse dilectis in Christo filiis Priori et fratribus Hospitalis Jerusalimitani in Anglia omnes decimas garbarum ad quartam partem ecclesie de Kirketon pertinencium quas per Robertum de Hardres quondam Officialem Archidiaconatus Linc' prius habuerunt in usus prioris et fratrum pauperum hospitalis extra villam S. Botulfi in Hoyland' commorancium convertendas et imperpetuum possidendas: insuper eciam duas marcas de minutis decimis et obvencionibus altaragii ejusdem quarte partis annuatim nomine perpetui beneficii tantum percipiendas per manus persone illius ecclesie de quibus quatuor marcas prius percipere consueverunt. Salvis in omnibus &c. Et ut hec nostra confirmacio, &c. Testibus ut supra carta proxima appositis hic Ric. de Lindwud' et Rob. de Holm' et Stephano de Cic'. Dat' per manus W. de Tornac' Archidiaconi Stowe apud Linc' septimo Id' Februarij pontificatus nostri anno x°.

APPROPRIACIO CAMERINGHAM'.
Universis &c. Noverit universitas vestra nos de assensu Rogeri Decani et Capituli nostri Linc' divine pietatis intuitu dedisse et concessisse Abbati et Conventui de Blancheland' ecclesiam de Kameringeham que de eorum est advocacione in proprios usus imperpetuum possidendam. Salva perpetua vicaria in eadem ecclesia per nos assignata Gilberto Capellano quem ad presentacionem eorum ad ipsam admisimus et in ea vicarium perpetuum instituimus et successoribus suis in eadem ecclesia in propriis personis ministraturis a predictis Abbate et conventu ad eam similiter presentandis quociens ipsam vicariam vacare contigerit nobis et successoribus nostris et in ea canonice instituendis.

ORDINACIO *vicarie ejusdem*.
Que quidem vicaria consistit in toto altaragio ejusdem ecclesie et in quodam tofto et tribus bovatis terre dominicis ecclesie que Robertus Tumin tenuit et in decima viij^{to} bovatarum terre de quibus Ric. fil' Heruei, Rob. Beaufiz, Ric. Bachel et Ric. Tanator singuli duas bovatas in eadem villa tenent. Idem autem vicarius vel successores sui de dominico ecclesie ad ipsos pertinente decimas nullas dabunt, sed sinodalia tantum pro eadem ecclesia annuatim debita persolvent. Abbas vero et canonici omnia alia onera tam

episcopalia quam archidiaconalia sustinebunt. Salvis in omnibus &c. Et ut hec nostra concessio &c. Testibus &c. ut supra carta proxima. Dat' per manus W. de Tornac' Archidiaconi Stowe apud Linc' v^{to}. Id. Februarij pontificatus nostri anno x°.

[*Fo.* 29^a].

ORDINACIO *ecclesie de Auford et vicarie ejusdem.*
Omnibus &c. Noverit universitas vestra quod dilectus in Christo filius Magister Reg. de Cestria tunc Officialis noster dum essemus in partibus transmarinis auctoritate ei nobis commissa ordinandi et provisionem faciendi super ecclesia de Auford et capella de Riggeby talem vice nostra fecit ordinacionem : videlicet quod vicarius perpetuus in eisdem ecclesia et capella constitutus habebit totam terram ecclesie et capelle cum pratis pascuis et turbariis et omnibus aliis pertinenciis suis et libertatibus excepta medietate mansi apud Auford' quam canonici hospitalis extra Linc' habebunt ad facienda ibidem orrea sua ad reponendum decimas garbarum ad prefatas ecclesiam et capellam pertinentes que conceduntur eis integre in proprios usus convertende. Habebit eciam idem vicarius altaragia tam ecclesie quam capelle scilicet oblaciones proventus et obvenciones omnes preter decimas garbarum ut predictum est. Et in propria persona faciet in ecclesia de Auford residenciam et in ordine sacerdotali ministrabit, et in capella de Riggeby per alium capellanum idoneum qui moram ibi faciet competenter faciet ministrari ; omnia onera consueta et ordinaria sustinebit. Ob quod in auxilium decem solidos a prefatis canonicis scilicet ad pascham quinque sol' et ad festum S. Michaelis quinque solidos percipiet annuatim. Juxta quam provisionem idem Officialis noster ad presentacionem Prioris et dictorum canonicorum Magistrum Johannem fil' Gurred' clericum ad predictam vicariam ecclesie de Auford' et capelle de Riggeby admisit, ipsumque in eisdem vicarium perpetuum instituit, dictos quoque Priorem et canonicos ad porcionem que ipsos sicut in ordinacione premissum est contigit admisit. Nos igitur predictam provisionem et ordinacionem a prefato Officiali nostro factam ratam habentes et gratam, eam auctoritate episcopali confirmamus. Salvis in omnibus episcopalibus &c. Et in hujus rei testimonium presenti carte sigillum nostrum una cum sigillo Capituli nostri Linc' duximus apponendum. Testibus ut supra in prima carta anni decimi, appositis hic Reim' archidiacono Leirc', R. de Hulm', R. de Lindwud', W. Bln'do et Magistro W. de Linc'. Dat' per manus W. de Tornac' archidiaconi Stowe in Capitulo Linc' apud Lincoln' xiij° kal. Marcij pontificatus nostri anno x°.

ADVOCACIO DE MESSEWORDH'.
Omnibus &c. Quum pia facta fidelium digno sunt prosequenda favore, Noveritis nos collacionem dilecti filii Turstani Basset militis

quam super advocacione ecclesie de Messewordh' domui relligiose de Caudewell' et Canonicis ibidem deo servientibus et imperpetuum regulariter servituris fecit ratam et gratam habere eamque sicut racionabiliter facta est eis auctoritate episcopali confirmamus. Salvis in omnibus &c. Quod ut perpetuam obtineat firmitatem presenti scripto sigillum nostrum duximus apponendum. Hiis Testibus Roberto Huntindon' et Willielmo Buk' archidiaconis, Thoma de Fiskerton' capellano, Magistris R. de Grauel' et Theob' de Canc', P. de Bath' canonicis Linc', Magistris W. de Linc' et Ric' de Tinghurst, Olivero de Chedn' clericis, et aliis. Dat' per man' W. de Thornac' archidiaconi Stowe apud Buggedon' iij° Id. Aprilis pont' nostri anno x°.

HOOLYVE.
Omnibus &c. Quum opera caritatis assensu grato sunt amplectenda, Universitatem vestram scire nolumus quod nos collocacionem dilecti in Christo filii Johannis Malh'be militis quam hospitali S. Johannis Baptiste de Hocliue et fratribus ejusdem loci fecit super advocacione ecclesie Beati Nicholai in eadem villa ratam habemus et gratam eamque &c. ut supra in carta proxima. Salvis in omnibus &c. Quod ut perpetuam &c. Testibus Reg. subdecano et aliis ut supra in carta proxima. Dat' per manus W. de Thornac' archidiaconi Stowe apud Buggeden' ij kal. Aprilis anno x°.

SUTHERBY.
Omnibus &c. Quum pia facta fidelium digno sunt prosequenda favore, Noveritis nos collacionem quam bone memorie Matillis de Mohaut fecit priorisse et monialibus de Cestr' super advocacione ecclesie de Sutherby ratam et gratam habentes eam sicut racionabiliter &c. ut in carta proxima. Salvis in omnibus &c. Quod ut perpetuam &c. Testibus Johanne de Eboraco archidiacono Stowe, Thoma de Fiskerton capellano, Magistro R. de Grauel' et P. de Bathon' canonicis Linc', W. de Keynesham et Radulpho de Warrauill', canonicis Well', Magistro Gilberto de Stowa et Olivero de Chedn' clericis, et aliis. Dat' per manus W. de Thorn' archidiaconi Lincoln' apud Neuhus xj° kal. Junij pont' nostri anno x°.

[Fo. 29b].
APPROPRIACIO WULINGEHAM.
Omnibus &c. Noverit universitas vestra nos de assensu Rogeri Decani et Capituli nostri Linc' concessisse et presenti carta nostra confirmasse domui nostre relligiose de Fosse extra Torkes' et Monialibus ibidem deo servientibus et in perpetuum servituris ecclesiam de Wullingeham cum omnibus pertinenciis suis que est de earum advocacione salva possessione Stephani de Hundegat' clerici qui dictam ecclesiam tenet. Reddendo eis duas marcas annuatim nomine pensionis post decessum ejus in proprios usus ipsarum Monialium convertendas: unam scilicet medietatem ad vestitum earum et medietatem aliam ad coquinam.

ORDINACIO *vicarie ejusdem.*

Salva perpetua vicaria in qua per provisionem nostram continetur totum altaragium ejusdem ecclesie et due bovate terre et totum pratum quod pertinet ad eandem ecclesiam et decima totius terre que vocatur Holm'. Ad quam vicariam dicte Moniales semper quociens ipsa vacaverit idoneum capellanum episcopo diocesis presentabunt per episcopum canonice instituendum. Qui tamquam vicarius perpetuus in eadem ecclesia ministrabit et omnia onera ordinaria et consueta sustinebit. Salvis eciam in omnibus &c. Et ut hec confirmacio nostra perpetuam obtineat firmitatem presentem cartam sigillo nostro una cum sigillo Capituli nostri Linc' duximus muniendum. Hiis Testibus R. Decano Linc', R. Canc', R. subdecano, R. Leirc' et J. Stowe archidiaconis, G. Scardeburg', H. de S. Edwardo, R. de Holmo, R. de Grauel', P. de Hungar', P. de Bath', P. de Kevermunt, canonicis Linc', et multis aliis. Dat' per manus W. de Thornac' archidiaconi Linc' apud Linc' viij° kal. Junij pontificatus nostri anno decimo.

MERSTON.
Omnibus &c. Noverit universitas vestra nos de consensu Rogeri Decani et Capituli nostri Linc' divine pietatis intuitu dedisse concessisse et presenti carta confirmasse dilectis in Christo filiis Abbati et Conventui S. Ebrulfi ecclesiam de Merston cum omnibus pertinenciis suis in proprios usus habendam et imperpetuum possidendam. Salva vicaria in eadem ecclesia per nos assignata que consistit in altaragio ejusdem ecclesie et capellarum ad ipsam pertinencium et minutis decimis totius parochie et tota decima garbarum de Wauerkeworth' ad prefatam ecclesiam de Merston' pertinente et una virgata terre cum manso que Rob. de Alcinton' tenuit et in decimis garbarum de Middelton' ad ecclesiam de Merston pertinentibus que omnia ei qui pro tempore vicarius erit in ipsa ecclesia de Merston' remanebunt nomine perpetue vicarie reddendo inde annuatim dictis monachis de S. Ebrulfo viginti solidos et de episcopalibus consuetudinibus respondendo. Si autem contingat ipsos Monachos apud Merston' in propriis usibus instauramenta habere ipsi Monachi a prestacione decimarum instauramentorum illorum erunt immunes. Debebunt autem predicti Abbas et Conventus de S. Ebrulfo nobis et successoribus nostris ad eandem vicariam semper cum vacaverit capellanum idoneum presentare per nos et successores nostros ad eorum presentacionem vicarium in ipsa ecclesia instituendum. Salvis eciam in omnibus &c. Et ut hec confirmacio &c. presenti scripto sigillum nostrum una cum sigillo predicti Capituli nostri Linc' duximus apponendum. Hiis Testibus Rogero Decano, G. Precentore, Rogero Canc', R. subdecano, J. archidiacono Bedef', Magistro W. fil' Fulconis et aliis ut in carta proxima precedenti, exceptis R. Leirc' et J. Stowe archidiaconis. Dat' per manum Reginaldi subdecani Linc' in Capitulo Linc' apud Linc' quarto Idus Julij pontificatus nostri anno decimo.

ADVOCACIO DE KABURN'.

Omnibus &c. Quum pia facta fidelium digno sunt prosequenda favore, Noveritis quod nos advocacionem ecclesie de Kaburn' quam Gilbertus de Turribus contulit Abbati et Canonicis de Grimesby sicut racionabiliter facta (*sic*) est concessa et carta donatoris predicti confirmata, eis auctorate episcopali confirmamus. Salvis in omnibus &c. Et ut hec confirmacio &c. Testibus J. Archidiacono Bedeford', Thoma de Fiskerton', Magistris R. de Grauel' et W. de Well' canonicis Linc', Will. de Keynesham' et Radulfo de Warravill' canonicis Wellen', et Olivero de Chedn' clerico et aliis. Dat' per manum R. de Cestr' subdecani Linc' apud Lincolniam iij Non. Julij pontificatus nostri anno x°.

IIJ MARC' WARDEBOYS.

Omnibus &c. Noverit universitas vestra nos de assensu Rogeri Decani et Capituli nostri Linc' concessisse et presenti carta confirmasse dilectis in Christo filiis Abbati et Conventui de Rames' in usus elemosinario ejusdem domus [*fo.* 30ª] tres marcas de ecclesia de Wardeboys nomine perpetui beneficii per manus persone ejusdem ecclesie perpetuo percipiendas quas ab antiquo percipere consueverunt. Salvis in omnibus &c. Et ut hec nostra concessio perpetuam optineat firmitatem presens scriptum sigillo nostro una cum sigillo Capituli nostri Linc' duximus muniendum. Testibus Rogero Decano, G. Precentore, R. Cancellario, J. Archidiacono Stowe, Hugone de S. Edwardo, Magistris W. fil' Fulconis, R. de Holm', R. de Lindwud' et A. de S. Edmundo, Waltero Blu'do et R. de Bristoll' capellanis, P. de Hung', W. de Aualu', R. de Bohun et P. de Cheu'mont canonicis Linc' et O. de Chedn' clerico. Dat' per manus Thome de Fiskerton capellani canonici Linc' apud Linc' xij kal. Augusti pont' nostri anno x°.

IIIJ MARC' *de ecclesia de Bernetteby una cum advocacione ecclesie predicte.*

Universis &c. Noverit universitas vestra nos de assensu et voluntate dilectorum filiorum Rogeri Decani et Capituli nostri Linc' dedisse et concessisse dilectis in Christo filiis Priori et Conventui de Novo Loco ordinis de Sempingeham iiij^{or} marcas annuas nomine beneficii de ecclesia de Bernetteby per manus Magistri Hugonis de Duffeld' persone ipsius ecclesie quamdiu vixerit percipiendas et preterea medietatem de decimis garbarum de xiij bovatis terre in Bernetteby versus orientem et meridiem nomine beneficii tota vita predicti Hugonis possidendam. Concessimus eciam de assensu et voluntate dictorum Decani et Capituli nostri Linc' eisdem Priori et Conventui totam medietatem predicte ecclesie de Bernetteby post decessum predicti Hugonis in usus proprios ipsorum Prioris et Conventus nomine perpetui beneficii convertendam. Ita quod extunc predicta annua solucio iiij marcarum cessabit omnino et totum altaragium illius ecclesie integre remanebit eis qui pro tempore persone fuerint in eadem et valencia medietatis ipsius altaragii recompensabitur dictis Priori et Conventui in subscriptis scilicet in omnibus decimis garbarum de xiij bovatis terre quas ipsi Canonici tenent ut predictum est in Bernetteby et in decimis garbarum de viij^{to} bovatis terre quas Adam de Thorn' tenet. Item in decimis garbarum de xiij bovatis terre quas Henricus filius Walteri tenet excepta una bovata terre quam Willielmus fil' Wulst' tenet de eadem Henrico. De quibus omnibus bovatis terre preterquam de illa bovata quam Willielmus fil' Wulst' tenet ut predictum est sepedicti Prior [et] Conventus decimas garbarum perpetuo percipient et preterea omnes alias decimas garbarum et terras et tofta ad ipsam ecclesiam pertinencia preter principalem mansum persone : iidem Prior et Conventus et persone predecte ecclesie de Bernetteby que pro tempore fuerint inter se equaliter dimidiabunt. Et ipsi Prior et Conventus quociens ipsam medietatem que ipsis ejusdem ecclesie remanebit vacare contigerit personam idoneam nobis et successoribus nostris presentabunt instituendam et ministraturam in eadem. Que eciam omnia onera ipsius ecclesie ordinaria sustinebit. Sed si quid emerserit extraordinarium iidem Prior et Conventus inde pro sua medietate proporcionabiliter respondebunt. Concesserunt eciam dicti Prior et Conventus quod si quid in privilegiis seu confirmacionibus ipsis Priori et Conventui indultis super ipsa ecclesia vel pensione ipsius conceptum fuerit contra istam ordinacionem nostram et predictorum Decani et Capituli nostri nullam firmitatem optinebit. Ut autem presens ordinacio rata imperpetuum permaneat eam presenti scripto et sigilli nostri apposicione una cum sigillo predicti Capituli nostri Linc' duximus roborandam. Salvis in omnibus &c. Testibus Rogero Decano, Willielmo Archid. Linc', G. Precentore, Rogero Cancellario, G. Thesaurario, Johanne Subdecano, Reimundo Leirc', Rob. Huntindon', Hugone Stowe archidiaconis, Magistris Willielmo de Barden', Roberto de Grauel', W. de Linc', et Waltero de Well' et aliis ut supra carta proxima. Dat' per manum Petri de Bath' canonici Linc' in Capitulo Linc' apud Linc' Nono kal. Octobris pont' nostri anno decimo.

MEDIETAS *ecclesie de Pateshulle.*
Universis &c. Noverit universitas vestra nos de assensu et voluntate dilectorum filiorum Rogeri Decani et Capituli nostri Linc' dedisse et concessisse dilectis in Christo filiis Priori et Conventui de Dunstap' annuum centum solidorum redditum in illa medietate ecclesie de Pateshill' quam Rogerus de Luttreworth tenuit in usus proprios ipsorum canonicorum nomine perpetui beneficii convertendum. Que consistit in decimis bladi et in redditu vij^{tem} solidorum de Cotariis tenentibus de ecclesia proveniencium. Salva Nigello

vicaria sua quam habet in ecclesia memorata et annua unius marce pensione quam idem Nigellus dicto Rogero reddere consuevit cedente in supplementum defectuum ecclesie supradicte ipso Nigello vivente. Et post decessum ejusdem Nigelli in augmentum vicarie ecclesie memorate imperpetuum assignata. Iidem autem Canonici de Dunstap' onus hospicii Archidiaconi sustinebunt. Salvis in omnibus &c. Quod ut perpetuam &c. Testibus et Dat' ut supra carta proxima.

J MARC' *de ecclesia de Est Wik'.*

Omnibus &c. Noverit universitas vestra nos de assensu et voluntate dilectorum in Christo filii Rogeri Decani et Capituli nostri Linc' dedisse et concessisse dilectis in Christo Priori et Monialibus de Chikesand' unam marcam argenti de ecclesia de Est Wich' post decessum Roberti Dunelm' clerici cui eandem auctoritate concilii Lat' contulimus per manus eorum qui ad presentacionem dictorum [*fo.* 30ᵇ] Prioris et Monialium pro tempore persone fuerint in ecclesia prefata annuatim nomine perpetui beneficii percipiendam. Scilicet ad festum S. Michaelis dimidiam marcam et ad Pascham dimidiam marcam. Salvis in omnibus &c. Quod ut perpetuam &c. Testibus et Dat' ut supra carta proxima.

WROKESTAN.

Universis &c. Noverit universitas vestra quod nos de assensu et voluntate Rogeri Decani et Capituli nostri Linc' Locum fundacionis prioratus loci S. Marie de Wrokestan' cum capitali mesuagio et tota curia et virgultis et vivariis ejusdem ville et cum toto dominico tam in agris colendis quam pratis et pascuis que pertinent ad predictam ecclesiam. Advocacionem eciam ecclesie parrochialis predicte ville de Wrokestan' que omnia dilectus in Christo filius Magister Michael Belet fundator prefati prioratus deo et S. Marie et Canonicis ibidem deo servientibus et imperpetuum servituris in liberam puram et perpetuam elemosinam contulit quieta prorsus ab omni seculari servicio et exactione. Omnia eciam terras redditus et tenementa in nostra diocesi que a predicto Magistro Michaele Belet vel a quibuscunque aliis datoribus et confirmatoribus dictis Prioratui et Canonicis sunt in liberam puram et perpetuam elemosinam collata eisdem Canonicis sicut juste et racionabiliter ab ipso Michaele vel ab aliis ut dictum est concessa sunt et confirmata auctoritate episcopali confirmamus. Salvis in omnibus &c. Quod ut perpetuam &c. Testibus et Dat' ut supra carta quarta ab ista.

BERGHEBY *dimid' marc'.*

Universis &c. Noverit universitas vestra nos de assensu et voluntate dilectorum filiorum Rogeri Decani et Capituli nostri Linc' necnon et de consensu Roberti Baret et Katerine uxoris sue patronorum ecclesie de Bergheby et Walteri de Kantilup' ejusdem ecclesie persone divine pietatis intuitu dedisse et concessisse dilectis in Christo filiis fratribus S. Trinitatis extra Norhampton' dimidiam marcam argenti in prefata ecclesia de Bergheby singulis annis per manum ipsius persone et successorum suorum nomine perpetui beneficii imperpetuum ad Pascham percipiendam. Salvis in omnibus. Quod ut perpetuam. Testibus et Dat' ut supra carta quinta ab ista.

ECCLESIE *de Wrokestan appropriacio.*
Omnibus &c. Noverit universitas vestra nos de assensu Rogeri Decani et Capituli nostri Linc' divine pietatis intuitu dedisse et concessisse dilectis in Christo filiis Priori et Conventui Loci S. Marie de Wrokestan' ecclesiam parochialem de Wrokestan' que de eorum advocacione est in proprios usus imperpetuum possidendam. Salva competenti vicaria per nos in eadem ordinanda et salva Michaeli Belet persone ipsius ecclesie quoad vixerit possessione quam habet in eadem. Salvis eciam in omnibus episcopalibus consuetudinibus &c. Quod ut perpetuam &c. Testibus Rogero Decano, Galfrido Precentore, &c., ut supra in carta sexta ab ista, anno decimo.

XXX MARC' *de ecclesia. de Netelham et alie summe de aliis ecclesiis infrascriptis.*
Omnibus &c. Noverit universitas vestra nos pro salute anime nostre et antecessorum et successorum nostrorum ad honorem dei et gloriose virginis de assensu Rogeri Decani et Capituli nostri Lincoln' concessisse et dedisse in liberam puram et perpetuam elemosinam Canonicis ibidem [*sic*] servientibus deo in perpetuum augmentum commune sue de ecclesia de Netelham triginta marcas, de ecclesia de Goseberdcherche quadraginta marcas, de ecclesia de Greingeham centum solidos, de ecclesia de Stilton' centum solidos, de ecclesia de Wuborn' quindecim marcas, habendas et recipiendas de ipsis ecclesiis cum proximo vacaverint annuatim in quatuor anni terminis per manus eorum qui pro tempore ipsas ecclesias tenuerint per nos et successores nostros qui de ipsis ecclesiis et omnibus pertinenciis earum disponemus et ordinabimus pro voluntate.

[*Fo* 31a].

PENSIONES *de ecclesiis Netelham' et aliis infrascriptis.*
Omnibus &c. Noverit universitas vestra nos pro salute anime nostre et antecessorum et successorum nostrorum ad honorem dei et gloriose virginis de assensu Rogeri Decani et Capituli nostri Linc' concessisse et dedisse in liberam puram et perpetuam elemosinam Canonicis ibidem deo servientibus imperpetuum augmentum commune sue de ecclesia de Netelham triginta marcas, de ecclesia de

Goseberdcherche quadraginta marcas, de ecclesia de Grehingeham centum solidos, de ecclesia de Stilton' centum solidos, de ecclesia de Wuburn' quindecim marcas, habendas et recipiendas de ipsis ecclesiis cum proximo vacaverint annuatim in quatuor anni terminis per manus eorum qui pro tempore ipsas ecclesias tenuerint per nos et successores nostros qui de ipsis ecclesiis et omnibus pertinenciis earum disponemus et ordinabimus pro voluntate nostra imperpetuum libere et quiete et absque omni condicione. Salvo predicte commune ecclesie Linc' redditu memorato annuatim de eisdem. Statuimus autem quod unusquisque eorum qui quamcunque predictarum ecclesiarum tenuerit ut dictum est sacramentum faciat fidelitatis Decano et Capitulo Linc' de redditu predicto integre et sine diminucione aliqua terminis suis persolvendo, decernentes insuper quod si aliquis ipsorum maliciose contra hoc unquam venire presumpserit et legittime commonitus id emendare noluerit, ipsum tamdiu ab officio et beneficio fore suspensum donec super hiis satisfecerit competenter; maiori eciam pena faciendum juxta arbitrium nostrorum [*sic*] et successorum nostrorum. Si non sic errorem suum duxerint corrigendum. Quod ut ratum et firmum permaneat imperpetuum presenti carte nostre sigillum nostrum una cum sigillo Capituli nostri Linc' apposuimus. Hiis Testibus Rogero Decano, W. Archidiacono Linc', G. Precentore, Rogero Cancellario, J. Subdecano; R. Norhampton', R. Hunt', J. Bedeford', et Hugone Stowe, archidiaconis; Magistris W. fil' Fulconis et Ric' de Lindwud', W. Blu'do, H. Burgund', R. de Bristoll', Thoma de Fiskerton', et S. de Cicestr' capellanis, W. de Aual', P. de Hung', Magistris R. de Grauel', et W. de Linc', P. de Bath', et P. de Chevremont', canonicis Linc'; R. de Warr' canonico Well'; Magistris W. de Cant' et A. de Buged', W. de Winch', R. de Ox', et Olivero de Chedn', clericis. Dat' per manum nostram in pleno capitulo Lincoln' die pasche pont' nostri anno undecimo.

APPROPRIACIO *de West ravendale.* *Ordinacio vicarie ejusdem.* Omnibus &c. Noverit universitas vestra nos de assensu Rogeri Decani et Capituli nostri Linc' divine pietatis intuitu dedisse et concessisse dilectis in Christo Abbati et Conventui de Bello Portu ecclesiam de West Ravendale in proprios usus eorum imperpetuum convertendam. Salva perpetua vicaria quam ordinavimus in eadem. Statuentes ut is qui pro tempore perpetuus vicarius fuerit ibidem percipiat nomine ipsius vicarie annuum unius canonici victum a predictis Canonicis et unam marcam annuam ad vestitum apud West Ravendale. Ipsi autem Canonici omnia onera illius ecclesie ordinaria sustinebunt. Salvis eciam in omnibus episcopalibus consuetudinibus &c. Quod ut perpetuam optineat firmitatem presenti scripto sigillum nostrum una cum sigillo predicti Capituli nostri Linc' duximus apponendum. Hiis Testibus Rogero Decano,

Galfrido Precentore, R. Huntindon', J. Bedeford', et H. Stowe archidiaconis, Johanne Subdecano, Magistris A. de S' Edmundo, Ricardo de Lindwud', W. Blundo, R. de Grauel', H. Burg', R. de Bristoll', W. de Avalun', P. de Hung' et Petro de Cheuremont' canon' Linc', et Olivero de Chedn' clerico. Dat' per manum Thome de Fiskerton' capellani in Capitulo Linc' apud Linc' viij° Id. Junij pont' nostri anno xj°.

PATRONATUS de *Clopton'*.

Omnibus &c. Noverit universitas vestra quod cum controversia que vertebatur in curia domini Regis super jure patronatus ecclesie de Clopton' inter priorem de S. Neoto ex una parte et Abbatem de Burgo ex altera tandem ita de consensu parcium sedata fuisset ibidem quod ipsius ecclesie patronatus dicto Abbati de Burgo imperpetuum remaneret, salva inde dicto Priori et Mon' de S. Neoto debita et antiqua pensione : et cum Rann' de Clopton' et Willielmus Dacus qui similiter jus patronatus in dicta ecclesia vendicaverunt et pro jure suo in Capitulo loci appellaverunt appellacionibus illis renunciassent, per Archidiaconum loci super ecclesia predicta xxv^{que} solid' et viij denar' annuatim nomine pensionis quorum possessionem eis dimisimus sicut prius habuerunt (*sic*). In hujus rei presentibus literis sigillum nostrum apponentes. Dat' per manum Thome de Fiskerton' capellani canonici Linc' apud Buggeden' xix° kal. Februarij pontificatus nostri anno xj°.

XX MARC' de *ecclesia de Stanton'*.

Omnibus &c. Noverit universitas vestra nos divine pietatis intuitu de assensu Rogeri Decani et Capituli nostri Linc' concessisse dilectis in Christo Abbati et Conventui Rading' xx^{li} marcas annuas de ecclesia de Stanton' scilicet decem marcas [*fo.* 31^b] eis de novo per nos concessas et alias decem quas prius habuerant per manum Thome de Kamel persone ejusdem ecclesie et successorum suorum nomine perpetui beneficii percipiendas. Idem autem Thomas et successores sui omnia onera ordinaria illius ecclesie debita et consueta sustinebunt. Salvis in omnibus episcopalibus consuetudinibus &c. Quod ut perpetuam optineat firmitatem presenti scripto sigillum nostrum una cum sigillo predicti Capituli nostri Linc' duximus apponendum. Testibus Rogero Decano, Galfrido Precentore, Gilberto Thesaurario, Roberto Norhampton', J. Bedeford', Willielmo Buck' et R. Hunt' Archidiaconis, Johanne Subdecano, H. Archidiacono Stowe, Magistris W. fil' Fulconis, et A. de S. Edmundo, W. Blundo, R. de Bristoll', Roberto de Wassingburgh', Petro de Bath', et Petro de Cheuremont' canonicis Linc', et Olivero de Chedn' clerico. Dat' per manum Thome de Fiskerton' capellani canonici Linc' in Capitulo Linc' apud Linc' ij kal. April' pontificatus nostri anno undecimo.

BAMPTON' *cum ordinacione vicarie ejusdem.*

Omnibus &c. Noverit universitas vestra quod nos de voluntate Capituli Exon' super ecclesia de Bampton' et omnibus ejus pertinenciis et omni jure ipsius se sponte simpliciter et pure nostre per omnia subjectionis ordinacioni et de assensu Rogeri Decani et Capituli nostri Linc' super hiis ordinacionem fecimus in modo subscripto. Concessimus Capitulo Exon' totam illam porcionem in proprios usus habendam nomine perpetui beneficii quam ab antiquo quandocunque in propriis usibus consuevit idem Capitulum retinere et quandocunque aliis conferre pro sua voluntate. Verum de porcione quam Robertus de Lucy tenuit et alia porcione quam Johannes fil' Johannis quondam Archidiaconi (*sic*) Toten' tenet in eadem ecclesia ita ordinavimus quod ille qui vicarius est illius porcionis quam Robertus de Lucy tenuit centum solidos annuos quamdiu vixerit nomine beneficii Capitulo Exon' persolvet de eadem porcione: Johannes vero memoratus tres marcas annuas eidem Capitulo similiter tota vita persolvet de sua porcione quas prius reddere consuevit. Si autem contigerit duas porciones quas predicti tenent clerici similiter vacare tres de eisdem equales fient porciones et ille tres porciones sic distincte tres perpetue erunt vicarie in eadem ecclesia ad quarum quamlibet quandocunque vacaverit Capitulum Exon' presentabit vicarium perpetuum nobis et successoribus nostris instituendum in eadem a nobis et quilibet illorum vicariorum persolvet Capitulo Exon' quinque marcas annuas nomine perpetui beneficii de sua porcione et isti vicarii deservient in ecclesia illa continue personaliter in ordine sacerdotali et respondebunt in universum de episcopalibus archidiaconalibus oneribus et consuetudinibus. Ita quid quod unusquisque pro sua vice et suo anno hoc est de triennio in triennium nobis et successoribus nostris et Archidiacono Oxon' tam de hospicio quam de reliquis oneribus in solidum respondebit. Ecclesia quoque ejusdem ville de Bampton' cum omnibus pertinenciis suis integre subjecta erit imperpetuum nobis et successoribus nostris et ecclesie Linc' et Archidiacono Oxon' tamquam ecclesia parochialis. Si vero contigerit alterutram memoratarum duarum porcionum per se prius vacare nobis et successoribus nostris presentabitur perpetuus vicarius per memoratum Capitulum Exon' ad duas partes illius porcionis a nobis instituendus nomine quarum solvet Capitulo Exon' quinque marcas annuas nomine perpetui beneficii. Terciam vero partem illius porcionis tenebit idem vicarius solvendo inde annuatim Capitulo Exon' nomine beneficii duas marcas et dimidiam donec aliam vacare contigerit porcionem. Et cum alia porcio vacaverit tunc illa tercia conjungetur tercie alterius porcionis et ex illis duabus terciis fiet una vicaria ad quam presentabitur perpetuus vicarius per supradictum Capitulum Exon' nobis et successoribus nostris a nobis instituendus qui de eadem vicaria similiter solvet Capitulo Exon' quinque marcas annuas nomine perpetui beneficii. Ad duas quidem alias partes presentabitur similiter nobis et successoribus nostris vicarius perpetuus a nobis instituendus qui eciam quinque marcas annuas nomine perpetui beneficii sepedicto Capitulo Exon' persolvet. Et extunc erunt tres vicarie perpetue et tres vicarii perpetui in eadem ecclesia imperpetuum. Qui vicarii sic per nos et successores nostros instituti tam nobis et successoribus nostris et ecclesie nostre Linc' et Archidiacono Oxon' quam Capitulo Exon' secundum quod premissum est respondebunt. Salvis in omnibus episcopalibus consuetudinibus &c. Quod ut perpetuam optineat firmitatem nos et Capitulum nostrum Linc' et predictum Capitulum Exon'presenti scripto sigilla nostra apposuimus. Testibus Rogero Decano, Galfrido Precentore, G. Thesaurario, Ricardo Cancellario, Roberto Norhampton', R. Leirc', R. Hunt', J. Oxon', J. Bedeford', et H. Stowe archidiaconis, J. Subdecano, H. de Bassingeburn archidiacono Sar', et H. de Well' archidiacono Bath,' Magistris W. fil' Fulconis et G. de Scardeburg', R. de Lindwud, W. Blundo, R. de Bristoll', Magistris R. de Grauel', et S. de Cic', R. de Wassingeburn' capellanis, Magistro A. de S. Edmundo, P. de Hung', Magistro W. de Well', R. de Bohun, et Petro de Cheuremont' canonicis Linc', et Olivero de Chedn' clerico. Dat' per manum Thome de Fiskerton' capellani canonici Linc' in Capitulo Linc' apud Linc' xvij° kal. Januarij pontificatus nostri anno xj°.

[Fo. 32ª].

STANT' *cum ordinacione vicarie.*

Omnibus &c. Noverit universitas vestra nos de assensu Rogeri Decani et Capituli nostri Linc' divine pietatis intuitu dedisse et concessisse dilectis in Christo filiabus Priorisse et monialibus de Garing' ecclesiam de Stant' cum omnibus pertinenciis suis in proprios usus habendam et imperpetuum possidendam. Salva perpetua vicaria quam auctoritate concilii ordinavimus in eadem. Que vicaria consistit in toto altaragio ejusdem ecclesie cum manso competenti et in duabus virgatis terre et earum pertinenciis que pertinent ad ipsam ecclesiam et in decimis duarum virgatarum terre quas Gerardus tenuit et aliarum duarum virgatarum terre quas Sampson et Richerius tenuerunt. Vicarius autem dicte ecclesie solvet synodalia et prefate Moniales omnia alia onera ordinaria illius ecclesie sustinebunt. Salvis in omnibus episcopalibus episcopalibus [sic] consuetudinibus &c. Quod ut perpetuam optineat firmitatem presenti scripto sigillum nostrum una cum sigillo predicti Capituli nostri Linc' duximus apponendum. Hiis Testibus Rogero Decano, W. archidiacono Linc', G. Precentore, Ricardo Cancellario, R. Hunt', et H. Stowe archidiaconis, Magistris W. fil' Fulconis et G. de Scardeburg', Ric. de Lindwud', W. Blundo, Rogero de Bristoll',

---

* In a later hand: "BARRY."

Magistro R. de Grauel', R. de Wassingeb' capellano, P. de Hung', R. de Bohun', et P. de Chevremont' canonicis Linc', et Olivero de Chedn' clerico. Dat' per manum Thome de Fiskerton' capellani canonici Linc' apud Linc' xvii° kal. Januarij pontificatus nostri anno xj^{mo}.

TYNGEWIK.
Omnibus &c. Noverit universitas vestra quod cum causa verteretur coram nobis ordinaria potestate cognoscentibus inter Rob. de Preston' rectorem ecclesie de Tingwich' actorem et Abbatem et Monachos S. Katerine parte rei fungentes, super uno manso et duabus virgatis terre que idem Rob. ad ecclesiam suam de Tingwich' ab antiquo de jure pertinere dicebat et super decimis ab antiquo dominico dictorum Abbatis et Monachorum. Item super pensione trium marcarum secundum ejusdem Roberti assercionem contra Concilii Laterani statuta ecclesie de Tingwich' imposita. Tandem cum usque ad diffinitivum fere calculum in eadem causa fuisset processum, nostra interveniente auctoritate mota super premissis controversia inter eos amicabiliter conquievit in hunc modum, videlicet quod Abbas et Monachi S. Katerine retinebunt imperpetuum decimas de antiquo dominico suo sicut ab antiquo eas perceperunt, et percipient similiter de ecclesia de Tingwich' nomine perpetui beneficii v^{que} solidos annuatim in festo Pentecost' per manum dicti Roberti et successorum ejus numerandos cessante imperpetuum exactione trium marcarum. Idem vero Robertus et successores ejus habebunt et tenebunt libere et quiete tamquam dotem ecclesie mansum memoratum cum duabus virgatis terre de quibus supra fecimus mencionem. Salvis in omnibus episcopalibus consuetudinibus &c. Ut autem ista composicio perpetua firmitate nitatur eam presenti scripto cum sigilli nostri apposicione duximus roborandam. Hiis Testibus Magistro W. de Linc' et P. de Bath' canonicis Linc', R. de Warr' canonico Well', Magist' W. de Cant' et A. de Buged' et R. de Tinghurst', W. de Winch', R. de Ox' et O. de Chedn' clericis. Dat' per manum Thome de Fiskerton' capellani canonici Linc' apud Tham' ij kal' Maij pontificatus nostri anno xj^{mo}.

BLETTESHO.
Omnibus &c. Noverit universitas vestra quod nos de assensu et voluntate Roberti de Bray et Walteri de Patteshill' patronorum ecclesie de Blecchesho et Martini de Pateshill' ipsius ecclesie persone quatuor marcas argenti Magistro et fratribus hospitalis S. Trinitatis extra Norhampton' annuatim de predicta ecclesia de Blecchesho nomine perpetui beneficii percipiendas per manum ejusdem Martini et successorum suorum ipsius ecclesie personarum ad duos terminos scilicet ad Pascham duas marcas et ad festum S. Michaelis duas

marcas per felicis recordacionis W. predecessorem nostrum eisdem fratribus confirmatas et preterea duas acras bosci in bosco de Overheya : scilicet illas que sunt propinquiores Curie Roberti Page Heremite et totum heremitorium cum pertinenciis quod ipse Robertus heremita tenuit cum tota placia ante portam ipsius Roberti ubi Grangia Henrici fil' Petri sita fuit et omnes alias terras quas iidem Magister et fratres habent in elemosina in campis de Blecchesho de dono liberorum hominum ipsius ville. Scilicet de dono Hugonis Pipard duas acras, de dono Stephani fil' Roberti quinque acras, de dono Willielmi Sly (?) octo acras, de dono Gervasii de Blecchesho unam acram, de dono Willielmi Pepin tres acras, de dono Hugonis Trunket tresdecim acras et unam rodam, et de dono Roberti fil' Hugonis unam acram, dictis Magistris et fratribus sicut ea omnia per concessionem Roberti de Brey et Walteri de Patteshill' juste adepti sunt auctoritate episcopali confirmamus. Salvis in omnibus episcopalibus consuetudinibus &c. Quod ut perpetuam optineat firmitatem presenti scripto sigillum nostrum duximus apponendum. Hiis Testibus W. archidiacono Linc', R. Archidiacono Hunt', Magistris Stephano de Cic', W. de Linc', et W. de Well' canon' Linc'.

[*Fo.* 32^b].

From this to the end is in a later hand.

APPROPRIACIO *Veteris Lafford et Ryskenton'*.

Universis sancte matris ecclesie filiis ad quos presentes litere pervenerint, Ricardus miseracione divina Linc' Episcopus salutem in salutis auctore. Licet ex injuncto nobis officio singulorum nobis subditorum curam et sollicitudinem gerere debeamus et quantum possumus operari bonum ad omnes de illorum tum provisione sollicionis (*sic*) cogitare tenemur quum de nostro patronatu existentes domestica subjectione nos contingunt et quos excellencioris vite merita et pietatis opera in quibus studiose se excercent dignos reddunt gracia ampliori. Cum igitur ad sustentacionem dilectorum in Christo filiorum Prioris et utriusque sexus conventus Monasterii de Haverholme necnon hospitum et pauperum ad ipsos declinancium facultates non sufficiant eorundem : nos ipsorum paupertatis et inopie pio compacientes affectu et graciam eo libencius quod de nostro patronatu existunt eisdem volentes facere specialem, ecclesiam Veteris Lafford et medietatem ecclesie de Riskenton' in quibus jus optinet patronatus ad ipsorum indigencie relevacionem et ut hospitum recepcioni melius sufficere valeant ac pauperum necessitatibus subvenire ipsis pontificali auctoritate concedimus propriis et piis eorum usibus perpetuis temporibus profuturas. Ita tunc quod animarum cura in dictis ecclesiis nullatinus necgligatur et ecclesie eedem debitis non fraudentur obsequiis sed per ministros idoneos perpetuo deserviatur eisdem. Salvis semper in omnibus episcopalibus et archidiaconalibus consuetudinibus et Lincoln' ecclesie dignitate.

In cujus rei perpetuam memoriam sigillum nostrum presentibus est appensum. Dat' apud Sanctum Clowaldum (?) quinto Idus Junij anno domini Millesimo CC^{mo} lx^{mo} septimo et pontificatus nostri nono. Ista registrata sunt per T. Colstone registrarium.

[Fo. 33ª].

LEYCESTR'.
Abbati Leycestr' et quod possit alium monachum deputare.
Vicario S. Margarete Leyc'.

OXON'.
Vicario S. Petri in oriente.

PRO ARCH' STOWE.
Magistro Willielmo de Harington'.

HOLAUND.
Vicario de Multon'.
Magistro Johanni Leek rectori de Benington'.
Vicario de Munby in decanatibus de Can'sowe et Calswath.

BUCK' PRO ARCH'.
Rectori ecclesie de Tappelowe.

BEDEFORD PRO ARCH'.
Archidiacono loci.
Fiat commissio in forma consueta.

Et quantum ad potestatem illorum qui sunt deputati confessores monialium habeant plenam potestatem et injungatur eisdem quod visitent demum personaliter infra triennium. Et habeat quelibet domus monialium per diocesim potestatem eligendi duos confessores seculares vel regulares. Domus vero de Godestowe quatuor eligat confessores. Et exhibeant ille moniales suis confessoribus literas antequam audiantur confessiones.

Finis.

Index of Ordinations.

In compiling this Index of Modern names, the Editor is indebted to the Rev. EDWARD MARSHALL, of Sandford St. Martin, as regards the Archdeaconries of Oxford and Buckingham, to the Rev. H. FOWLER, of St. Albans, as regards that of Huntingdon, and to F. A. BLAYDES, Esq., of Bedford, as regards those of Bedford and Northampton.

It should be borne in mind that there is a separate Index of Appropriation Deeds at the end, amongst which a few other Ordinations will be found.

Oxford.

Asthall (Esthalle), 4
Aston, North (N. Eston), 3
Aston Rowant (Eston), 10

Balscott (Belescoth), 7
Bampton Proper (Banton), 4
Barford (Bereford), 6
Barton, Great (Barton) 2
Bicester (Berencestre), 7
Bletchington (Blechesdun), 7
Bloxham (Bloksham), 6
Bradwell, or Broadwell (Bradewell), 3
Burford (Bureford), 4
Burton Abbots, or Black Burton (Burton), 5

Cassington (Carsinton), 3
Caversham (Kaversham), 9
Chestreton (Cesterton), 6
Coggs (Koges), 3
Cowley (Koueleya), 8
Crowmarsh-Gifford (Craumers), 10

Dorchester (Dorkcestr'), 11
Duns Tew (Donostiwa), 2

Elsfield (Elsefeud), 8

Fewcott (Fancoth), 8
Forest Hill (fforsthull), 8
Fritwell (ffrechewell), 8

Goring (Garing), 9

Hampton Gate,* hamlet of Goring (Garthamton), 7
Headington (Hedendon), 8
Holwell (Haliwell), 3
Hook Norton (Hoken'ton), 6

Kelmscot (Kelmestok), 3
Kidlington (Cudelington), 3
Kirtlington (Kertclington), 7

Ledwell (Ledewell), 2

Maple Durham (Mapelduram), 9
Marston (Merston), 9
Milcomb (Midelecumb), 6
Minster Lovell (Menistre), 4

Nuffield *als* Tuffield (Tonfeld), 11

Oxford, St. Frideswide, 1
 „ St. Giles, 2
 „ St. Mary Magdalene, 2

Pishill (Pinshull), 11
Pyrton (Piriton), 10

Sandford-on-Thames (Saumford), 8
Sandford St. Martin (Saumford), 2
Shiplake (Sciplach), 9

* According to Mr. Marshall and Precentor Venables. The Rev. J. C. Blomfield, however, suggests Hampton Gay as more probable.

Shipton-under-Wychwood (Scipton), 6
Shirburn (Syreburn), 11
Standhill (Stamdelf), 10
Stokenchurch (Stokenechurche), 10
Stoke Lyne (Stok), 8
Waterperry (Wat'pirie), 8
Watlington (Watlington), 10
Weston on the Green (Weston), 7
Wroxton (Wrogstan), 7

Buckingham.

Ashenden (Essendon), 15
Astwood (Estwode), 12

Bradwell (Bradewell), 13
Brafield, Cold (Braynefeld), 12
Brickhill, Little (Pva. Brikhull), 12

Caversfield (Kau'sfeld), 13
Chalfont S. Giles and S. Peter (Chalshunt), 17
Chesham-Bois (Cestersham), 17
Chicheley* (Sepeshale), 12
Chilton (Chilton), 15
Crendon, Long (Creindon), 15

Dinton (Donington), 16

Filgrave (ffirigrave), 12

Heddenham (Hedenham), 15
Hedsor (Hadeshowre), 17
Hillesden (Hillesdon), 14
Hogshaw-cum-Fulbrook (Hogeshag), 14

Ilmer (Ilemere), 15

Kimble, Great (Magna Kynebell), 15

Lavendon (Lavenden), 12

Marsworth (Messeworthe), 19
Medmenham (Medmeham), 17

Mentmore (Mentemor), 19
Missenden (Messenden), 16

Newport Pagnell (Neuport), 13

Shabbington (Sobinton), 15
Stantonbury (Stanton), 13
Steeple Cleydon (Stepelclaendon), 14
Stoke Pogis (Stokes), 18
Stone (Stanes), 16
Stowe (Stowa), 13

Thornborough (Thornburn), 14
Turville (Tyrefeud), 17

Upton (Upton), 18

Walton (Waldone), 19
Wendover (Wendoure), 15
Westbury (Westburg), 14
Winchendon (Winchendon), 14
Willen (Willies), 13
Winge or Wenge (Wenge), 19
Wolverton (Wolfrington), 12
Woolston, Great and Little (Wolseston), 12
Worminghall (Wirmenhale), 14
Wotton-Underwood (Wotthon), 14
Wycombe, High or Chipping (Wicumbe), 17

* In the margin of the MS., opposite *Sepeshale*, is written in a contemporary hand, and now almost obliterated :—"Checheľ".

Bedford.

Ampthill (Aunthille), 21
Arlesey (Ailricheseya), 22

Barford, Great (Bereford), 24
Bedford S. John, 23
Bromham (Burham), 25
Buckden (Bokesdene), 24

Cardington (Kerdington), 23
Chalgrave (Chaugrave), 22
Clophill (Clophulle), 21
Cople (Cokkepol), 23

Dunton (Dunton), 23

Eaton (Eyton), 21

Flitton (fflitte), 20

Goldington (Goldingeton), 23

Harrold (Harewoud), 25
Haynes (Hagenes), 20
Henlow (Henlawe), 22
Houghton Regis (Hochton), 21
Husborn Crawley (Hisseburn), 20

Kempston (Kemmeston), 23
Keysoe (Caisho), 24

Langford (Langeford), 23
Luton (Luton), 22

Milbrook (Melebrok), 21

Podington (Podington), 25
Pottesgrove (Potesgrave), 21
Pulloxhill (Pullokeshul), 20

Ravensden (Ravensden, 24
Renhold (Rénhale), 24
Ridgmont, *see* Segenho

Salford (Saleford), 20
Sharpenhoe (?) Segenho, 21
Silsoe (Suiveleshọ), 20
Stagsden (Stacheden), 24
Stevington (Stivington), 25
Studham (Stodham), 22
Stotfold (Stotfaud), 22
Sundon (Sunedon), 21

Tilsworth (Tillesworthe), 21
Totternhoe (Toternho), 22

Westoning (Weston), 20
Willington (Wileton), 23

Huntingdon.

Alconbury (Alkmundebir'), 27

Bengeo (Beningeho), 29

Diddesley (Dynesle), 29

Everton, 27

Gaddesden, Little (Gatesden), 30
Gidding, Great, 26
Godmanchester (Gumescestr'), 27

Hemingford, 27
Hertford, All Saints, 29
   „ S. John, 29
Hitchin (Hicche), 28

Huntingdon, S. Mary, 26

Kimpton (Kemington), 29

Pirton (Pertton), 28

St. Neot's, 27
Sandon, 29
Sleep (Slepa), 26
Stukeley (Stivekle), 27

Weston, 28
Winwick (Winewik), 26
Wymundley, Great, 28
   „   Little, 28

Northampton.

Addington (Adington), 32
Ashby (Asseby, Esseby), 33, 35, 38, 39

Billing, Little, 40
Blakesley (Blakoluesle), 35
Bozeat (Bosegate), 32
Brackley (Brakkele), 35
Brayfield (Bramfeud), 33

Catesby (Katteby), 37
Chacombe (Chaucumbe), 37

Daventry (Daventre), 37
Dodford (Duddeford), 38
Duston (Duston), 39

Evenley (Evenle), 36

Fawsley (ffaleuwesl'), 38
Flore, 40
Fotheringhay (ffodringeye), 31

Guilsborough (Ghildeburg), 39

Haddon, West, 39
Hardingstone (Hardingesthorn), 33
Hemington, 32
Horton, 33
Houghton, Little, 33

Lilbourne, 39

Marston (Merston), 36
Maxey (Makeseye), 31
Moulton (Muleton), 39

Newbottle (Neubotle), 36
Northampton, All Saints, 34
  ,,   S. Bartholomew, 34
  ,,   S. Edmund, 34
  ,,   S. Giles, 34
  ,,   S. Gregory, 34
  ,,   S. Michael, 35
Norton by Daventry (Northon), 38

Patishall (Pateshulle), 35
Peterburgh, S. John Bapt., 31
Preston, 33, 37

Roade (Rodes), 33

Slipton, 32
Staverton, 37
Sulgrave (Sulegrave), 36

Watford, 40
Weedon, 35, 38
Welford, 39
Wellingborough (Wenlingburgh), 32
Wollaston (Wolaneston), 32
Writhorp *perhaps* Wothorpe, 31

Lincoln.

Aby, 51
Alford, 56, 66
Alkborough, 51
Alvingham, 59
Ancaster, 55
Anwick, 55
Apley, 48
Ashby-de-la-Laund, 52
Aubourn, 64

Barholm, 62
Barrow, 41
Barthorp, 54
Barton, 53
Baumber, 64
Bicker, 44
Billingbro, 55
Billinghay, 55
Bilsby, 47

INDEX OF ORDINATIONS.

Bonby, 45
Bourn, 61
Bracebridge, 56
Brocklesby, 63
Bullington, 58
Burgh-on-Bain, 44, 59
Burreth*, 63
Burton Pedwardine, 49
Burwell, 50
Butterwick, 48

Cabourn, 65
Cadeby, 57, 66
Cadney, 51
Calceby, 50
Canwick, 56
Cawkwell, 64
Cawthorpe, 60
Claxby-by-Well, 49
Clee, 43
Cockerington, 59, 60
Corby, 46
Croft, 47, 50
Croxton, 44
Cuxwold, 44

Deeping St. James, 41
Digby, 55
Dirrington, 56

Eagle, 52
Edenham, 64
Elkington, North, 45
      ,, South, 61
Elsham, 42

Farlsthorpe, 49
Ferriby, South, 51
Fetterby, 60
Freeston, 48
Friskney, 58

Goulceby, 53
Grasby, 41
Greenfield, 51
Grimoldby, 61
Grimsby, Little, 60
    ,, S. James, 43

Haburgh, 62
Hallington, 49
Halton, East, 63
Haugh, 52
Holton-le-Clay, 43
Honington, 45
Humberstone, 43
Hundleby, 45
Huttoft, 47

Immingham, 44

Keddington, 60
Keelby, 44
Killingholme, 62
Kirkby, East, 53
   ,, Lathorpe, 55
   ,, cum Osgodby, 42
Kirmington, 62

Langtoft, 66
Langton-by-Wragby, 58
Leasingham, 54
Legbourne, 49
Lenton, 45
Ludford, Great, 56

Maidenwell, 48
Markby, 47
Marton, 47
Metheringham, 51
Minting, 64
Morton, 61

---

* Apparently *not* Burgh-on-Bain, for in 1302 Simon de Edlington caps. was presented by Tupholm Abbey to the vicarage of Burreth, vacant by the institution of Richard de Bardenaye, the last vicar, to a sixth part of Brocklesby Church; while in 1315 the Prioress and Convent of Nunnecotam presented Thomas de Skendleby presb. to the vicarage of Burgo super Bayn, in succession to Walter, the last vicar, appointed to Skosthorn rectory. [Bp. Dalderby's *Institutions*, ffo. 7, 56.]

Orby, 51
Ormsby, 60
Osbournby, 51
Owersby, 42

Ranby, 63
Rasen, Market, 57
„   Middle, 64
Rauceby, 54
Ravendale, 66
Richebroc, 50
Riston, 50
Rowston, 52

Saleby, 57
Saltfleetby, 49
Scopwick, 53
Sempringham, 54
Sixhills, 56
Skendleby, 53
Somercotes S. Mary, 50
Spalding, 65
Stainfield, 47
Stainton, Market, 63
   „   (le Vale?), 67
Stamford, All Saints, 46
   „   St. Martin, 46
Stixwold, 45

Stow-in-Ness, 62
Swarby, 50
Swinderby, 52
Swinstead, 46, 65

Tallington, 64
Tealby, 57
Tetney, 44
Thornton Curtis, 41
Thorpe, 46, 50, 67
Threckingham, 64
Thurlby, 47
Timberland, 53
Torrington, West, 58

Ulceby in Yarborough, 41
Upton, 44
Utterby, 60

Waddingworth, 48
Waith, 43
Willoughton, 52, 53
Willingham, North, 57
Winthorp, 59
Witham, 64
Worlaby, 41
Wrangle, 47
Wykeham, East, 57
   „   West, 57

Stowe.

Alkborough, 51, 71
Appleby, 69, 71

Burton, 71

Coates, 71
Crowle, 71

Gainsburgh, 70
Glentworth, 68

Hackthorn, 68

Marton, 68
Messingham, 69

Newton, 68

Raventhorp, 71
Risby, 69

Saxelby, 68
Scothorn, 70

Thorp, 70
Torksey, 71

Upton, 69

Willoughton, 52, 53, 70
Winterton, 68

Index of Appropriation Deeds, &c.

Alethorp, 88
Alford, 93
Anwick, 87, 89
Ashby, Canons, 75

Bampton, 102
Barnetby-le-wold, 96
Barthon, 83
Bedford, 79, 106
Beesby, 85, 86
Berghby, 98
Berton, 81, 82
Billesfield, 74
Billingborough, 86
Bissemade, 79
Blettesho, 104
Botenden, 81, 83
Burton, 82

Cabourn, 96
Cameringham, 92
Chievermont, 75
Clopton, 100
Crouleton, 73

Donington, 85
Dutington, 75

Esindon, 83
Eston S. Leonard, 91
Estwik, 98
Eynesham, 73

Germundethorp, 89
Godestowe, 106
Godshulle, 83

Hoclyve, 94
Horton, 74

Inebir, 84

Keal, West, 91
Kirton-in-Holland, 92
Kyrkeby, 76

Lafford, Vetus, 105
Leicester, 106

Marston, 95
Marsworth, 75, 78, 93
Marton, 72
Missenden, 75
Morton, 75

Nettleham, 91, 99
Newton, 72
Northampton, 74, 78
Northburg, 84
Norton, 72, 75

Opford, 72
Oxford, 73, 77, 106

Pateshulle, 97
Preston, 78

Ravendale, 100
Riston, 77
Ryskenton, 105

Sandford, 81, 82
Sempringham, 72
Skidbrook, 73
Stainfield, 75
Stainton, 77
Stamford, 76
Stanton, 101
Stanton-barry, 103
Statford, 81
Stokes, 88
Sutherby, 94
Sutton, 91

Tatenho, 76
Thoufeld, 80
Thrup, 90
Toft, 78
Torneya, 84
Tupholm, 77
Tyngewik, 104

Wardeboys, 96
Willingham, (Stow) 86, 94, 95
Wirksop, 77
Wrokestan, 90, 98, 99

James Williamson, Printer, High Street, Lincoln.

www.ingramcontent.com/pod-product-compliance
Lightning Source LLC
Chambersburg PA
CBHW021941160426
43195CB00011B/1178